思　想　岛

［法］芭芭拉·卡桑　著

陆源峰　何祺韡　译

北京师范大学出版集团
BEIJING NORMAL UNIVERSITY PUBLISHING GROUP
北京师范大学出版社

导　读

　　芭芭拉·卡桑女士是法国著名的哲学家、古希腊研究学者和语文学家，法国国家科学研究中心研究员，巴黎高等师范学院教授。法兰西学院于 2012 年授予卡桑女士哲学类大奖，并于 2018 年授予她最高荣誉"法兰西学院院士"称号。

　　卡桑女士的研究领域颇为广泛，从智术（sophistique）到语文学，从语言哲学到政治哲学，她先后出版和发表了数十本专著、上百篇研究论文。《思想岛》一书囊括了卡桑女士的大部分哲学思想，为读者梳理出卡桑女士从最早的智术研究，到后期的政治哲学探索这条思想发展脉络。

　　卡桑女士哲学思想的源头无疑是她对古希腊智术的研究。用她自己的话说，这也是她研究中"最硬核"的部分。她于 1995 年出版的《智术效应》（*L'Effet sophistique*）一书在法国被誉为"智术研究的圣经"。《思想岛》全书的第一篇，《智术，哲学的智术史》，就讲述了作者研究智术以及前苏格拉底时期古希腊哲学的动机。这一篇文章虽然简短，但厘清了自海德格尔以来哲学发展的两条线路，并试图从源头开始对哲学进行再定义。在介绍了作者研究智术的动机之后，

《本体论/逻各斯论》《意义》《海伦》等文章就构成了该书的第一个主题：作者对智术研究的具体阐释。《本体论/逻各斯论》和《意义》这两篇思考了语言文字和意义之间的关系，作者试图推翻亚里士多德提出的"意义的决定"。说话是为了指意？为了说出有意义的事情？智术就给出了相反的答案：我们可以为了"获得愉悦而说话"，我们不是要说出有意义的事情，而是要在说的过程中创造出意义。《海伦》是一篇体现作者对智术研究思想精华的文章，它通过分析古代文本对海伦(Hélène)及特洛伊战争的记述，试图证明我们所看到的真相、历史、意义，只不过是话语的效应，是话语产生了意义，而不是意义决定了话语。同样的思想也能在《蛮族，蛮族化》一文中找到回音，古希腊人将其他种族蛮族化的过程，在作者看来是一种语义残害制度，所有其他种族都听不见、叫不出，被强行排除在外，甚至连证明这种残害的方法都被迫失去了。

　　《思想岛》的第二个主题来源于对智术研究的一个必然过渡，那就是修辞术及其应用。《修辞术：时间和空间》一文详细地探讨了话语的再利用，空间化后的话语能够被无限次地再利用，并产生说话者想要的效应，而其关键在于把握使用这些话语的"时机"。此外，话语不会像经济财富那样因为被使用而消耗，人类共有的这一逻各斯是取之不尽用之不竭的。其后的三篇文章就是作者从两个方面对这一观点进行的论证。一方面，作者探讨了话语在精神分析领域的应用。精神分析或许是修辞术和智术在现代的最完美体现，《拉康》和《Den》详尽论述了能指的力量，特别是《Den》一篇，作者通过德谟克利特对 mēden(无)这个古希腊词错误的断词方式，巧妙地论证了能指本身不需要依附于所指而存在，逻各斯和意义之间没有必然联系。另一方面，作者关注了文学这一主题。在《羊鹿：论文学》中，作者再次举例表明，我们可以说出不存在的东西，比如"羊鹿"，并不需要考虑"羊鹿"是否真的存在，文学就是话语脱离所谓的哲学真理的最恰当例子。

在对智术和修辞术进行系统探讨之后，本书的第三个主题切实地转向了语言哲学领域。卡桑女士借鉴了著名语言哲学家约翰·奥斯丁的述行理论，向我们展示了"如何以言行事"。《异教徒》一文极具特色，作者首先探讨了一神论产生的原因与伦理和政治有关，之后，作者通过对从荷马史诗《奥德赛》中节选的一段文字的精妙分析，告诉我们，言说可以比行动产生更强的作用力，当我们说某件事之时，我们其实就在做这件事，想要摆脱一神论或是多神论的桎梏，需要做的就是遵循逻各斯"这位君主"，引用让-弗朗索瓦·利奥塔的话来说："一个异教的神，可以是一个高效的叙述者。""人—神—人"的不断转换其实是关于语言的哲学问题。《表现，述行》则直接评论奥斯丁的述行理论，并将这一理论与智术结合，与古希腊"未被归入正统"的那些位于边缘地带的文本结合。《高潮》一篇，更是综合了述行理论、古希腊研究与拉康的精神分析学，层层深入，环环相扣，分析一个看似荒诞但引人深思的语言哲学命题。

该书第四个主题是作者将语言哲学与政治哲学相融合的尝试。《彩虹民族》讲述了南非种族隔离末期，如何用语言化解数十年种族隔离和残杀后，政治体无法用法令和暴力来化解的仇恨。《恶之平庸》则展现了纳粹分子艾希曼在接受审判时，使用他的"母语"为自己辩护，使得他能够在同样以德语为母语的听众中，激起同情与共鸣。一种语言，一种母语，它拥有政治的维度。《共识(部分和全部)》一篇讲述了城邦和现代政治体中个体与整体之间的关系，而这种微妙的相互作用关系带我们认识了自古以来哲学家对于普遍单一性问题、多元性问题的探讨。作者在其后期政治哲学中，最为关注的问题之一就是诸如多元化、多样性等和普遍单一性之间的对立。集中讨论普遍单一性问题在性别中的表现的，是《女哲学家》这一文本，这并不是一篇宣扬女性主义的作品，更不是号召女性群体与男性群体开战，而只是希望在哲学的普遍单一性中包容女哲学家，用作者自己的话说，我们应该"转换角度"。《谷歌》一文探讨了当代数字社会对"文化民主"概念的颠覆，也探讨了多元化的个体如何变得平均化。谷歌将质的问题变成了量的问题，我们在谷歌里找不到个体的独特性。《一起》《不可译》两篇则体现了作者近年来对多语言、跨文化、翻译等问题的思考。语言的统一是一场灾难，而翻译的最美妙之处在于能保留二义性现象和建立在差异之上的不可译性。

《思想岛》中的文本除了组成上述四个大主题之外，还收录了卡桑女士许多具有实验性质的文本创作。《文本解释》《誊抄者》《身为语文学家》这三篇文章的文风与该书中的其他文章大相径庭，尤其是《文本解释》一文，初读让人摸不着头脑，全文由作者"展开"自己创作的一首诗开始，后面的部分则是作者对自己写的几首诗的散文化改写。《誊抄者》则展现了作者对自己做的两个梦的哲学思考。这些文本根据卡桑女士自己的解释，是希望探讨哲学和文学的交叉点，或者说，是想探讨文体的"多孔性"和渗透性。读者在阅读这些文章时需要转换自己的心境，因为这些文本与传统严谨的哲学著作不同，旨在打破各种文体之间的隔阂，展示语言文字能够达到的极限。

全书的翻译工作受到了许多业内专家的指正，也得到了卡桑女士本人的指点。书中一些希腊文引文翻译与现行的希腊文古典名著翻译有些出入，这是由于卡桑女士本人是位知名语文学家，她修改和优化了不少古希腊典籍的法文翻译，译者在翻译过程中尽量如实地保留了卡桑女士本人的翻译。该书的翻译还有许多不足之处，望读者不吝指正。

陆源峰　何祺韡

2019 年 2 月

目 录

1

智术，哲学的智术史

智术，名词：

第一，古希腊智术师如普罗泰戈拉（Protagoras）、高尔吉亚（Gorgias）、普罗狄科（Prodicus）、希庇亚斯（Hippias）等，共有的所有知性态度和学说的总称。

第二，（专有名词）一种既不可靠又不严肃的语词推理方法。

——安德烈·拉朗德（André Lalande），

《哲学批评和专业术语词典》

（*Vocabulaire technique et critique de la philosophie*）

我们如今为何对智术起了兴趣？

对我来说，纯属无心插柳，起初的间接因素偶然成为我研究智术的主要原因。我愿意和大家略做分享。

首先，要看到两股竞争思潮的涌现，它们之间的竞争体现在方方面面。第一股思潮受海德格尔的启发，通过米歇尔·德吉（Michel Deguy）、让·博弗雷（Jean Beaufret）和弗朗索瓦·费迪耶（François Fédier）等思想家的发展，大行其道，但同时又令人困惑。勒内·沙尔（René Char）在托尔研讨会上经过海德格尔的点拨，将这个思潮推向了风口浪尖。之所以说大行其道但令人困惑，是因为他们认为，一切事物都具有新式意义上的可认识性，我们可以掌握一切。哲学的历史就是哲学本身，对于存在(être)的探讨具有一种不可比拟的统治地位，历朝历代，永不停歇地继续着。我们很难否认，一大部分当代哲学家[正如前面提到的那几个"法国理论"(French Theory)哲学家那样]都只是在修正海德格尔的理论。这其中甚至包括那些反海德格尔主义者，他们试图借助康德来寻找突破，并试图避免通过《康德书》(Kantbuch)来认识康德。① 为了脱离这片已经被耕耘过的哲学土壤，我们要做的无疑只能是通过哲学史来对哲学进行重新定义，还要确保这种对哲学疆域的扩大(élargissement)不会产生简单的分析性限制或是定向思维(crispation morale)，这两项往往由我们这个时代的科技性特征产生。或许还需要一些，用德勒兹的话来说，新的概念性人物。但要完成这项工作，最常用的切入法，是德勒兹本人发明并使用的切入法[借鉴斯多亚学派(les Stoïciens)、斯宾诺莎和柏格森]，就是阅读海德格尔未读完或没有能力读完的文本。与此同时，他们也体验到了从战略角度来说，这项工作是无法完成的。

我本人在这个背景下的定向思维，主要体现在我(先入为主地)对古希腊源头和开端(aurore)的理解上。海德格尔为我们呈现的古希腊开端是偏执而有偷窃癖的。他为了能让自己展示的古希腊开端受到巴门尼德的《诗歌》(Poème)的支持，掩盖了一大部分其他的文本和可能性。这么一来，举例来说，在 1942 年、1943年出版的《巴门尼德》(Parmenides)中，我们在 polis(城邦)这个词之下，只能看到 pelein，也就是 einai(是)这个词的古代动词形

① 《康德书》是海德格尔阐释康德的著作。——译者注

式：如果说 *polis* 是 *pelein* 的极端表现形式，那是因为"古希腊人绝对是非政治人民"，这使得他们能够也必须建立起城邦。[1] 在海德格尔阐释巴门尼德的宏大视角下，仅仅凭借着他的一家学说，我所遇到的第一个无法跨越的阅读障碍是高尔吉亚的《论不存在》(*Traité du non-être*)，这一发现得益于皮埃尔·奥邦克(Pierre Aubenque)偶然为我推荐的一篇博士论文。在被海德格尔划定的古希腊开端半个世纪之后，《论不存在》详尽地展示了《诗歌》能够符合海德格尔梦想的机制和策略，这篇专论从诞生之日起就大大超出了本体论(ontologie)的范畴。于是，我们又认识了另一种前苏格拉底时期。①

为了证实这一点，就只能也必须进行古希腊语和古希腊两种研究，但这并不是为了继续深挖语义，咬文嚼字，寻求更本源的意义，而是要借助这个过程，转变原有的观念。这主要是通过探索(古希腊语)句法形成过程中的模棱两可现象以及它语法化过程中被假想出来的、惊人的固化过程来实现。② 这是一条竞争性的学习线路③：它是语文学的线路，文本的权利和阐释者的权利在

---

① 前苏格拉底时期的学说鲜有被记录成文的，也几乎没有被完整保存下来的，因此这个时期的学说整理往往只能通过搜集只言片语的引用，之后进行语文学的汇编和考据。作者认为海德格尔通过自己的语文学整理展现了一个符合巴门尼德《诗歌》理念的前苏格拉底时期，而高尔吉亚的《论不存在》展现的是一个不一样的前苏格拉底时期。——译者注

② 作者认为古希腊语文本之所以让后人产生片面和专断的解读，是因为大家没有注意到原文中的句法拥有模棱两可性，也没有注意到语法化的过程其实是人为地给文本定下意思的过程，而这些语法化的产物如今都已经固化了，这两点阻碍了我们对古希腊语文本和思想多样性的阐释和解读。——译者注

③ 这也就是作者开头说的两股思潮中的第二股。——译者注

其中不断地相互制衡。让·博拉克(Jean Bollack)和海因茨·维斯曼(Heinz Wismann)在里尔(Lille)和巴黎间不知疲倦地开课讲授这个平衡关系。当然，有一些文本相比其他而言更加难以重塑，抑或是出于偶然，抑或是刻意的，这些文本都被传统的(文本)传输(transmission)抛弃，或被认为是无法被使用的，不论是从古希腊哲人的学说汇编到誊写本，还是从誊写本到德国哲学的宝库。从巴门尼德到海德格尔，一直以来就有一种针对文本的达尔文式的研究传统，它甄选那些构建起我们哲学错觉(vection)和哲学史的文本，而对于这一甄选所剩下的文本，这种传统允许我们通过一种针对反常(perversion)的古化石学(paléontologie)研究来认识它们。例如，阿那克西曼德(Anaximandre)、赫拉克利特、德谟克利特等的作品就是被剩下的文本，还包括高尔吉亚和他的《论不存在》。在《论不存在》中，高尔吉亚对本体论的论述较为极端，因此这篇文章无法与他的其他文章一样被归入修辞术的范畴。也就是说，这些被剩下的文本都以另一种前苏格拉底的形式存在。当然，那些被视作正统的文本其实也受到了相同的语文学处理①，或许是因为它们不幸被误判：一来，当它们与那些所谓的"其他"文本发生冲突时，它们不幸被判为异端邪说[亚里士多德《形而上学》(Métaphysique)中的《伽马篇》(Gamma)和柏拉图的《智者篇》(Sophiste)就见证了这样的遭遇]；再者，也出于这些文本本身正在策动产生的这个作品集的独特性，(人们)在将它们视作"否定"或是"创造"之间徘徊。语文学涉及各领域，它热衷于用无限长的

---

① 这里是指它们不幸也被当作无法被汇编进主流的文本，被质疑或被抛弃。——译者注

时间来阐释一个句子，而对于这些被剩下的文本，尤其是有关智术的文本，语文学就更不可能在这上面偷工减料了。

这就是我遇到的"凯洛神"（Kairos）①，他不仅秃头，还瘸着腿，就像一只哲学和语文学的人马兽②。我就这样把握了机遇，也确定了我的研究对象。

为了能够继续这项研究，我选择的这个对象必须能够实现一些诱人的，但离开了它又无法或很难实现的研究活动。智术对我来说就是一个很好的工具，甚至可以说是现有的最好工具。它能够让我讲述一个新的哲学史——这是一个关于新的古希腊开端的故事，让我们迫不及待地期盼曙光的到来。与此同时，智术还将哲学做了新的划分，厘清了哲学与它自己创造的其他实体之间的关系（智术先被看作修辞术，之后被归入文学）。哲学的智术史（L'histoire sophistique de la philosophie）（本雅明或许会这么说，它讲述的是无赖那些事），是一种既关乎哲学又关乎文学的漫步。它任由我们探索与传统学术习惯不同的那方面事情（但一旦我们真正开始探索这一方面，就会发现，它有趣到足以占据我们的所有注意力）。它还让我们在顺时研究的过程中停下脚步，包容一条与传统研究线路（也就是顺从由巴门尼德、柏拉图、亚里士多德直到黑格尔、海德格尔和哈贝马斯这条线路）不同的学术线路，这条线路与主流线路产生了共鸣。这会让我

---

① 此处的 Kairos，作者用的是它的原始意义，也就是希腊神话中的凯洛神。相传这位年轻的男子秃顶，仅有一小缕头发。当他经过人们身边时，人们应该"伸出手抓住他的那一小缕头发"。后来，这个说法引申为"抓住时机"。——译者注

② 这是尼采的一个典故，瘸腿的哲学—语文学人马兽是指尼采笔下的"喀戎"（Chiron）。——译者注

们感知到，理性和非理性之间的划分完全是人为的，或许也能让我们用一种更全面、更当代，或者说，更专注的眼光来重新组织哲学的宇宙。目前为止，在法国，至少从对同一些古代文献的翻译和再翻译资料来看，我们都只是一些被限制了思想自由的囚犯，无法领会古代真正留给我们的真实形象：一系列杰出馈赠。

选择智术作为研究对象，从头至尾并不是，或者并不仅仅是出于对那些哲学和历史学上还鲜为人知的古代文本的研究热情；也不是为了探索由那些快要失传的文本组成的边缘地带，以此唤起对这个空白的边缘地带中被诅咒的思想家的同情，并由此反对那些排外者和排外主义。因此，我不呼吁为智术"平反"，尤其是那种百转千回地，企图通过"优化"或者"改善"这样的字眼，将智术安插进固执的传统哲学史中去的平反。智术在作为一个"历史事实"的同时，它的特殊性就在于，它是一个"结构的效应"（effet de structure）："智术"是一个哲学概念，它的模型确实是由那些真正实践这项活动的，自称为智术师或者被我们称为智术师的人提供[如普罗泰戈拉、高尔吉亚、安蒂丰（Antiphon）等人]。这是拉朗德词典提供的第一条解释，但第二条解释将其描述成了一种非哲学性质的哲学形态——"一种既不可靠又不严肃的语词推理方法"，而我从未停止过引用和评论这一条。

这就是柏拉图的出发点，确切地说，是柏拉图将这个问题的两方面衔接起来的接缝：智术，这一历史事实，是哲学炮制的人为产物（artefact）。这一人为产物的核心意义简单来说就是把智术看作哲学的负面化身(alter ego):它的坏他者(mauvais autre)。它们之间的相似性正如《智者篇》中的"陌生人"(l'Étranger)所说的那样:智术是哲学的"效犬之狼,是最野性的动物和最温顺的动物之间的相似性"(231a)。它和哲学是如此难以分别,以至于我们想奋力抓住其中一个之时,往往到手的是另外一个:苏格拉底的精神助产术,其辩驳法的实践,都来自"高贵而可靠的智术"(231b)(我们暂时忽略原文中对仗的工整性来翻译这个术语)。相反地,在对话录的最后,当他们概括整理所提出的所有二分法时,这一树状图的最后一个分支,在就如何定义煽动者(démagogue)这一角色上,将智术师和哲学家放在了这个分支的同一边——"圣人还是智术师?"(268b 10);而这个选择只能由泰阿泰德(Théétète)的一句话做出,即"我们早已证明,他一无所知"。于是,作为"圣人的模仿者"的智术师,他与圣人的关系就和哲学与圣人的关系一模一样。

传统意义上的智术在柏拉图所有的对话录中被切实地显现出来。然而,它在之后的所有领域中都遭人唾弃:对本体论来说,智术,和存在没有关系,它被不存在(non-être)庇佑,与偶然为伍;对逻辑术来说,它不寻求真理,也不追求辩证术的严谨,而只是单纯陈述观点,讲述昭然若揭的事件关系,以说服为目标,只在乎舌战的胜负;对伦理学、教育学和政治学来说,无论是对个人还是对城邦,它不是以智慧和美德为目标,只在乎个人权利和财富;对文学来说,它的言辞风格让它看起来只不过是一部金玉其外、败絮其中的百科全书。如果要用存在和真理的戒尺来衡量智术,那么它只能被看作伪哲学:显相的哲学和哲学的显相。

在这种条件下，《智者篇》的另一个维度逐渐崭露头角，动摇了这一文本的严谨构造：这个人为产物本身变成了哲学的制造者。如果说智术是哲学的他者，哲学从未停止过将它驱逐出境(甚至在亚里士多德那里，它被驱逐出了人类的范畴)，那么这是因为对哲学来说，其本身也只能用"智术的他者"来定义自己，而智术也从未停止过将哲学推出它的战壕。哲学源于惊异(La philosophie est fille de l'étonnement)，根据《形而上学》的开篇语——"求知是人类的本性"。但是，"那些疑虑是否应崇敬神祇和爱戴父母的人仅需受到指正，而那些疑虑雪是否为白色的人则只需自己睁开眼看"[2]。智术师(普罗泰戈拉论上帝，安蒂丰论家庭，高尔吉亚论存在和感知)总是夸大事实：他们总是提出过分的问题，并总是从中得到过分的结论。这种肆无忌惮的特性使得哲学从字面上来说和智术割离开来。它迫使对智慧的爱①跨越其原先设定的界限，摆脱桎梏，做出与自己其他品行不一致的行为。我所做的工作，其中一个目标就是分析这种行为。智术师确确实实是哲学的定义者和分界者。

我采用的视角是将哲学和智术联合起来讨论，诺瓦利斯(Novalis)则在《逻各斯论片段》(Fragments logologiques)中提出了"智术哲学"(philosophistiser)这一说法，或许"效应"(effet)一词也可以用来总结这一点。因为从一方面来说，智术是一种人为产物，是哲学的一种副产物(effet)；从另一方面来说，智术，作为哲学的虚构(fiction)，也反过来给哲学本身带来了冲击，它从未停止

———————

① 智慧的爱，即指哲学。——译者注

过对哲学的影响(effet)。① 以上就是我以一个精简的结构所梳理的一段极其复杂的思想史，在我看来，哲学史家总是错误地忽略了它的重要性。

注释

[1]Martin Heidegger，*Gesamtausgabe* 54，p. 142.

[2]Aristore，*Topiques*，Ⅰ，105a 5-7.

---

① Effet 一词有多重意思，此处根据上下文进行了差异化的翻译。——译者注

2

文本解释①

---

① 该文是作者实验性的写作。

据作者本人解释，她希望通过这种形式的写作来探讨文体的"多孔性"，以此打破哲学、诗歌和文学文体间的隔阂。该文的题目大有深意，一方面，它带有讽刺的意味，因为这篇文章与传统学术写作中的"文本解释"相差甚远，无论如何也不符合传统意义上的文本分析；另一方面，它其实也名副其实，因为 explication(解释)一词在拉丁语中对应 *explicari* 这个词，这个拉丁语词汇的本来意义就是"展开"，于是，这篇文章实际上可以被看作作者经常提到的"隐迹纸本"(palimpseste)这一概念的范例。在该文的前半部分，作者分析自己创作的一首诗："掌管着鸢尾和白杨的子民……"据作者自己称，（转下页注）

（接上页注）这首诗是她受勒内·沙尔的《白杨的消除》(《 Effacement du peupli-er 》)一诗启发而创作的。作者所做的并不是阐释或解释这首诗，而是对这首诗进行展开，讲述自己为何做诗，而在这一展开的过程中用的几乎全部都是隐喻和典故，充满了互文性。作者想以此展示，一个文本其实永远和外界无数的文本相连，它包含着无数的"隐迹纸本"。鉴于作者希望读者探讨文本的无限可能性，因此，译者将不会解释和标注前半部分涉及的典故和隐喻，以最大限度地保留这种可能性。

该文的后半部分其实是对文后注释中诗歌的改写(transcrire)，注释中的诗歌也是作者本人的创作。在后半部分中，作者将注释中的诗歌体改成了散文体，以此探讨形式和内容之间的关系。作者还要求大家在阅读之时注意到排版样式(typographie)，注意到文本形式是如何与内容相关联的。

该文在风格上与该书作者的其他文本相差甚远，看似不知所云，但实际充满了隐喻和博学的典故。译者希望通过这个注释让大家了解到这个文本(以及后面的《誊抄者》)的写作意图，以便探索其可能性。——译者注如果你得再次出发，请依靠一间枯瘦的房屋。

别担忧这棵树，依凭它，在遥远处，

你会认出这间房屋。

这棵树用自身的果实解渴。

一个女人不能够成为诗人。

她惧怕所有长得像斧子的东西。

她只会将树缝到屋子上。

打开，就是划除，就是用现有的稳定状态去交换体内跃跃欲试的东西，就是在体面的极限里呼喊出这简短的话语，就是感受到那挺起的脊梁骨甚至让羞耻心中的下流部分都感到恶心——正是这时时刻刻可被渗透的羞耻心[1]，写出了：

掌管着鸢尾和白杨的子民

在风起时，天空无限蔓延，

燕语莺啼之外的今天

（那双抬起的眼睛，一只更黑暗，一只是白昼），

在夜幕降临前的蔚蓝里，是被提前占据的宁静。

　　首先能感受到的昭然若揭的东西，是一种文体的交汇(un trafic d'écriture)和它的大胡子信使(son messager barbu)。要理解，这个专有"场所"(sitio)，对我来说，是夜晚降临之前的门槛；对你们来说，还意味着更多："在夜幕降临前的蔚蓝里，是被提前占据的宁静。"

　　这"更多"的意味，则仅仅是无法承受羞耻心(束缚)的青春期。这"过剩"的羞耻心与裤子里变多的东西有得一拼，正是它，让人在爱得深沉之时，转身离开，改变方向[如同船首的女情人面对他那一千零一个左拥右抱的(情妇)，不知所措]；也是它，让人在多嘴之后，用女性那装饰般的沉默来堵上自己的嘴(那个被抛弃的、沉默的女人，将自己也放到了那个让她手足无措的嫉妒的天平上)；最后，它也让人结束自己的生命。此外，*Gelassenheit* 在发音上类似 graillonneux(焦油味的)，意为下流的、冷笑的。

　　然而，文化的交汇也是一种服从的制衡，也即是说，它在道德方面很好地符合理性的准则，根据这个准则，链环(斧头)是与上帝(树?)有关系的。或者，我换用其他更下流的话来说，意识是与无意识相关的：说到底，服从，就是接受被外界不停打断。我一开始怀着疑惑的心情写下了"那双抬起的眼睛，月亮更黑暗，另一只是白昼"，之后我才意识到，没有了冠词的月亮①，不可能带有冠词的月亮(在哲学意义上愚蠢至极②)，就不是她本身了，

---

　　① 法语中月亮是 lune，而表示阴性"一个"的是 l'une，两者发音完全相同，前者是不带冠词的阴性名词，后者是带冠词的名词化数词。诗中所用的是后者 l'une，而作者在这里讨论的没有冠词的月亮指的是 lune 这个词。——译者注

　　② 原文 con comme la lune 是法语中关于月亮的一个俗语，形容某人或某事愚蠢至极。——译者注

不是那个被翻折为字母 i 上那一点的 *selēnē* 了，不是那个未被外界污染过的处子了，也不再像那个不在场的悲剧式交叉路口了——那个在广袤的、受一棵不必要存在的柳树保护的平原上，永远不在场的路口。那么，更黑暗的那"一个"是什么呢？是灵魂的黑头？是涌现而出的阴者自阴①，是语词一致性的讽刺，是划除像一只卷毛狗般把门拱、拱顶和木框搞得千疮百孔的最终解放，是平静的、最基础的 a、b、c②。

我有一个王朝，王朝中的王子是个孩子。他是他父亲和母亲的王子。他们的爱就是他的知识，在这个寂静的地方，他统治着整个空间。鸢尾/快感啊，感谢你从不凋谢，你肮脏得就像一只内窥的眼睛，是广阔空间上的一条美妙彩带。鸢尾和白杨，夏娃和亚当，抑或是卡律布迪斯和斯库拉：那些我们赖以呼吸的紫色窟窿和起伏的情绪的总和，轻晃的树干，摇曳的树叶，转瞬即逝的快乐，随风而去的白杨和仍然在潮湿的隐喻中打滚的鸢尾。[2] 你的——你？——，你的——是你啊——，你的——你闭嘴——，人类的话语被吞噬了。但陷入叶片中的宁静清楚地区分着每个词，它卷土重来，平复着起伏的波澜，为的是免除那些并排停泊的船只对性别的深仇大恨（倘若我们有一天成为爱神的朋友，我们将找到所爱之人，并让其快乐，今天少有人这么做）。

日暮黄昏之时，没有风，只剩下权利。我们可以云淡风轻地

---

① 原文为 *féminin index sui*，作者仿写了拉丁语名言 Verum index sui，译为中文是"真理指示它自己"，意思是说真者自真。——译者注

② 这里的 a、b、c 分别为 arceau（门拱）、berceau（拱顶）、cerceau（木框）三个词的词首。——译者注

张开手掌，需要做的，只是尊重不同世界间的裂口。[3]时间在九月成熟了，就在太阳落山之时，我们需要像鸟儿迎接黎明一样，迎接这一时光，就像所有唐璜说得那么简单，死亡在左手边。[4]在整齐划一的眼神、祝福的手势、书写的手法中，这是肌肉能够允许的最远疏离[5]，因为每个人都将自己看作一只大型动物，用他自己的气味取暖[6]。看啊，天空白得就像头山羊（它的脸庞在聚拢起来的广阔区域内被勾勒出来[7]）；鸟儿落了下来，我们可以刹那间就想到其后果，并为此找到原因；时间是一个洞，它赦免了眼睛所拥有的视觉能力，死亡却只有一种年龄，这水银般的白亮让我忧心忡忡、盲无所见、欣喜若狂。[8]抬起眼睛，她就在一晃之中的白色黄杨里。[9]一个总是来早了。就如同当下的夜色是不在场的力量[10]，看得见的她，给了这种力量以力量，她让我们的身体、我们的灵魂和他们的依靠都瘫痪了[11]。

注释

[1]是什么

为了能蜷缩，攀附在一个名字的脊梁旁安然入睡？

而在一声叹息间被日子打倒？

那身体有着可被渗透的太阳穴

延伸出一片大地，

缺席，这就是缺席本身

那是比一颗心更曲折的道路。

王子啊，告诉四大元素，

我们不再前行了：

我拥有四种肾上腺素的语言。

[2]我们可以云淡风轻地张开手掌，需要做的，只是尊重不同世界间的裂口。

那是毫无目的的专注，来自一双被我如铲除冰块般拔除了睫毛的眼睛，

这是由一句无关紧要且毫无牵绊的句子造就的一年，

一种与脉搏无关的跳跃：

叶影婆娑，

枝干轻摇，

从誓言中被抹去的大树也跟着摇晃

发霉的女人。

[3]参见注释[2]中的诗。

[4]阳光披上了金衣，手臂也变得圆滚滚。

时间在九月成熟了，就在太阳落山之际，

我们需要像鸟儿迎接黎明一样

迎接这时光，

就像所有唐璜说得那么简单，

死亡在左手边。

[5]祝福是面对日落及岛屿的黑暗召唤时，肌肉能允许的最远疏离。在整齐划一的眼神中，足生莲花。黑夜在后，白云在上。

为什么不承认这样的情况同样适用于书写？书写，就是诉说的欲望。这是爱慕所能允许的最远的疏离。夜太深，之后，我们也只能如有近视眼般，在颤抖的边缘，看到那一轮满月。等等。

[6]伟岸的骏马站着睡觉并依靠自己的气味取暖正如你的肚子或是你肚子上的一条伤疤那样

这三者中的每一个都将自己看作一只大型动物都为了一堆草料而节省自己的体力都将自己藏匿在天空中或是风里都用自己专注的眼睛鼻孔和耳朵去探测不知远在何处运动的东西

以及那些由重峦叠嶂的云朵相连在外面披着皮毛或是平静地散发光芒的东西(crebra，作物的田野里传来了一阵声响)，伟岸的骏马如此入睡

站立在四脚之上

气味为它们取暖

就好像僵住的孩子只说了一件事情我将大脑放在附近了我感觉到乌鸦飞过去了那条死去的狗在门下嗅着什么（我看到了，是只老鼠）倘若我从不等待它们的到来，这些心照不宣的访客或许会成为我的熟客。①

[7]古老的牧场上一片色彩艳丽的花朵

日落的天空下光芒四射

他的眼神

你的脸庞在聚拢起来的广阔区域内被勾勒出来。

整片天空都是你的声音。

[8]天空白得就像头山羊　鸟儿落了下来，　我们可以刹那间就想到其之后果并为此找到原因　光线聚拢起来像一个伤口　时间是一个洞　它赦免了眼睛所拥有的视觉能力　死亡却只有一种年龄　这水银般的白亮让我忧心忡忡、盲无所见、欣喜若狂。

天空白得就像头山羊

鸟儿落了下来，

我们可以刹那间就想到其之后果，并为此找到原因

时间是一个洞

它赦免了眼睛所拥有的视觉能力

死亡却只有一种年龄

这水银般的白亮让我忧心忡忡、盲无所见、欣喜若狂。

[9]（海滩）②（像被搁置起来的疾病、汗水或是刚结束的暴风雨般，一首曲子一步步由此形成：

———————————

①　此处翻译遵循原文，不随意断句，不加多余的标点。原文在法语读者眼中晦涩异常，具有极大的阅读困难性，需要读者自己断句，找到句中的语码，此乃作者刻意为之。——译者注

②　此主语为译者联系上下文所加，便于成句。——译者注

"游泳者不掀起一点水花

每个人都可以相信至少两个世界的存在","比我还孤独

的狗，我曾有过，

但它没有拥有过我

这就是为什么它过早地死了"

一步一脚印直至海滩的腹地，当然，是那个像疾病一样被搁置起来的海滩，它比每个时刻都更孤独，比它自己更不同，它就像逐渐发出响声的汗水、暴风雨、风琴和噪音那样耳聋）。它准确了解自己的身体，也同样了解一辆自行车的声响，因为当我们以手代眼来描绘自己的脸庞时，只会在我们的眼神中留下一幅如同壁画又如同一只动物般的留白，色彩的走向令人癫狂，那些笔触的方向，如同一匹专注倾听的骏马般的狂热专注力为混沌所刺激，书写的操纵尝试停留在那里，就在那里，在一晃之中的白色黄杨里。

[10]蓝，不是任何一种蓝

形，不是任何一种形

夜是大地的指甲

颈是夜色的段截。

被多少的睡莲污染了啊

她就是航海途中那些远去的墙

没有重量的肉体

出于智慧并怀着对智慧的爱

在场，她就是不在场的力量。

[11]……像那些幸福着死去的人那样监视着罹患痛风的身体

在那夜色中奇妙的窗户前……

3

本体论／逻各斯论

巴门尼德的《诗歌》和高尔吉亚的《论不存在》之间的冲突构成了本体论和逻各斯论对立的原始场面。事实上，这两个术语的意义很大程度上来自它们的相对立性。

"无物存在；即使（该物）存在，也不可为人把握；即使可把握，也的确不能传达和解释给旁人。"高尔吉亚在《论不存在》中提出的三个论题颠覆了巴门尼德的《诗歌》。自柏拉图以来，我们从《诗歌》中读到的是：首先有存在，然后坚信"存在者存在"而"不存在者不存在"，接着，存在从本质上说是可以被认知的，因为"存在和思考是同一件事情"；以此为基础，哲学才能走上正道——认识存在的本来面目，接着将其衍生为各种学说、门派和学派。然而，高尔吉亚提出的这一系列颠覆远不只是简单的文字游戏：它是关于本体论的根源性批判。《论不存在》中提出的阐释《诗歌》的方法，都明确围绕着对存在和言语是以何种方式结合的阐释。粗略来分，仅有两种可能性：一种认为存在是客观事实，有存在(esti, es gibt, es gibt Sein)，而人类的角色是"存在的守护者"(berger de l'être)，其需要做的是忠实地说出存在。存在、思想和话语属于同一个范畴：这就是自巴门尼德到海德格尔以来的本体论。另一种认为存在只在诗歌内，或者说只因为诗歌而存在，它是话语的一种效果、一种语词产物、一项能力：这就是诺瓦利斯提出的逻各斯论(logologie)。这一观点认为我们不是用话语说出存在，而是将说出的话语变成存在。

通过第一个论点——"无物存在"，高尔吉亚旨在让我们理解，所谓先验性的存在，只不过是《诗歌》的一个效果。为了向我们证明这一观点，他用不存在取代了存在，并且用同样的话语论证，强调不存在本身(也可以被《诗歌》中的论证来证明)。我们看到存在和实体(*to eon*)是如何从"是"(être)这个动词演变而来的①，这个词在《诗歌》的片段 2 中被认为是"引路词"。存在经历了一系列语义和语法上的操作[动词形式与不定式主语的重叠——"因为存在者存在"；同位语与分词形式的重叠——"存在的前提是存在着"(片段 6，1)]，这些操作，加上冠词的作用，最终使这个现在分词名词化(片段 8，32)。巴门尼德的《诗歌》看似是古希腊的一个记叙，但它实则在处理"是"这个动词时，已经强调了语言的重要性，并且间接探讨了所有的语法法则。不过，也正是高尔吉亚的《论不存在》让我们开始对于词的本质变得敏感(变位过的动词、不定式、分词，是否名词化)，让我们注意到词的形式和功能之间的差异。这些句子，无论是在《诗歌》中还是在有关《诗歌》的批评中，都在制造着模棱两可的意义，玩着同音异义的游戏，意义含混伴随着句法含糊，为的是让我们看到句法是如何创造语义的。高尔吉亚"自我展示"的那段文本是有关这个问题的典范：存在者存在，不存在者不存在(原文为希腊语 *ouk estin oute einai oute mē einai*)。这句话能够被阐释成以下三个论点："这既不是存在也不是不存在"(Ce n'est ni être ni non-être)，"存在和不存在

———————

① 在法语中，"是"和"存在"是同一个动词：être。——译者注

都不是"(ni être ni non-être ne sont)，"既不可能存在也不可能不存在"(il n'est possible ni d'être ni de ne pas être)。(《论麦里梭、色诺芬与高尔吉亚》，979a 25)

这样一种阐释的结果，相较于《诗歌》所持的观点是一种颠覆，因为"不存在"同样可以成句，同样可以通过言语夸夸其谈。柏拉图的"陌生人"再次进行了维特根斯坦式的论证：巴门尼德不该提到不存在，他甚至不该说出这个词，不该去想这个概念，因为，除非能够制造出像鸣钟那样带有回声的非人类声音，语言始终驱动着我们；那些说着"不是"(n'est pas)的人们，最终在语言的驱使下，会在他们真正意识到之前就说出"不存在"(les non-étants)这个概念。(《智者篇》，237a-238c)正如好胜的高尔吉亚所完美解释的那样："如果不存在'是'不存在，那么'不是'并不比'是'低一等。因为不是'是'不是，而且也'是'是，所以事物存在并不胜过不存在。"(《论麦里梭、色诺芬与高尔吉亚》，979a 25-28)

但高尔吉亚还展示了其他的东西，这回，我们可以梳理出亚里士多德、康德、本维尼斯特(Benveniste)这条线："不存在"不仅可以像存在一样成句，甚至可以做得比存在更好。更好之处在于它不那么"诡辩"，不产生歧义和意义的含糊。的确，用"不存在"来造句，可以避免将"是"这个词的连词用法和"存在"这个意象搞混，而当我们说"存在者存在"的时候，这两种意义互相肯定，甚至搞混。当我们说"不存在者存在"时，我们只是证明它的存在；而当我们说"不存在是不存在"时，我们肯定它就是它本身，但不能证明它存在，虽然在说出的那一瞬间，我们宣告了这个词的存在……这回，是言语造成了差异。

此外，《论不存在》的第二个论点为，鉴于《诗歌》全篇都肯定思想与言语之间的传递性和共延性，高尔吉亚也能够得到以下结论："如此一来，就没有谁能说任何假话了，甚至包括说众多战车在海面上飞奔追逐，因为任何事物都可以像所说的那样存在。"（《论麦里梭、色诺芬与高尔吉亚》，980a 12-14）并不是说这里面没有虚假成分，更准确地说是因为当我们用语言说出谎言、错误和虚构的现象时，它们和我们说出的真实一样，都存在着。《诗歌》中有两大主要论断：其一，存在者存在，不存在者不存在；其二，存在、思想和话语相互归属，拥有共同的身份特征。这两点足以推导出一个极具智术特色的论点：从存在的角度说，我们无法辨别真和伪(高尔吉亚获胜)。不存在没有地位，谎言和错误也同样没有地位：这就是巴门尼德的本体论。这一能够确保演说的正确性和有效性的本体论，被智术本身逐字逐句地仔细推敲了一遍。那么，高尔吉亚的论证过程，《论不存在》和《诗歌》的对立，也就可以被简单理解为是为了吸引注意力的过程，以哗众取宠的方式吸引那些肆无忌惮、不情不愿的注意力，让它们关注到语言和推论的操纵手段，这将有助于揭示存在和言语之间的关系。《论不存在》的限制性和灾难性两种效应旨在揭示：如果这篇关于本体论的文章是精密的，也就是说，如果它不属于自己设下的合理性外的一个特例，那么它是一篇智术的杰作。

"存在是话语的效应"，这一论点目前有两种展开方式：它不仅是对本体论的批评——你们所宣称的存在，只不过是你们说话方式的一个效应；而且还是典型的逻各斯论的正名。因为没有什么是以本体论所宣称的那种形式存在的，除了以语言作支柱外，没有真正可靠的东西，"论证毫无例外地能说尽一切"（980a 9s）。柏拉图以后的哲学，很快地永远和"一种既不可靠又不严肃的语词推理方法"（这是拉朗德词典的第二条解释[1]）划清界限。但从智术的角度来说，我们很清晰地看到："逻各斯(logos)是一位至高无上的君主，他大音希声，大象无形。"[2] 这就不难理解为什么在 23 个世纪之后，诺瓦利斯在他的《逻各斯论片段》中巧妙地表达了如下观点："没有人知道语言的本质，因为它完全只涉及它自身。这就是语言如此不可思议、神秘而丰富的原因：当一个人单纯地为说而说时，正是他表达最了不起的真理之时。"[3] 在让·杜布菲(Jean Dubuffet)的《逻各斯主义工作室》(*Le Cabinet logologique*)展览过程中，他的一份摘要也肯定了(话语的)双重的意义："逻各斯主义工作室这个标题，来自第二重意义上的逻各斯，它不再是对世上现象以及物体的编码，而是作为增殖的母体。"[4]"为了说话而说话"，这是亚里士多德反对智术的最主要论点……

最重要的是，存在已经不被认为是先验的了，而是通过话语产生的：要了解这个转向的规模，必须从它的源头开始看。有关同一性的最可靠准则，不再是"存在者存在"或者"实体是实体"这样的口号了，取而代之的是高尔吉亚的《论不存在》中的一句话："言者自言。"存在的在场(présence)、自然(Nature)的直接性和一种负责将以上两者说尽的语言，都随之消散：话语发现的客观物理世界让位于演说创造的政治体系。得益于那些被黑格尔称为"古希腊的大师"的智术师，我们确实到达了政治的维度，这就好比阿贡(*agōn*)进入了阿格拉(*agora*)①：城邦是语言持续创作的产

---

① *Agōn* 是指古希腊举办的所有形式的口头竞赛；*agora* 是指"市集"，古希腊的政治文化公共中心。此处是说，言说的行为拥有了政治的维度。——译者注

物，它并不是建立在真理之上，而是建立在适应性的秩序(l'ordre du succès)之上[也就是奥斯丁的述行理论中提到的"恰当条件"(happiness)①这个概念]。智术的话语性，在历经各个场合，收获各种褒贬不一的评价之后，成为一种缔造社会关系中必要共识的言语表现。

注释

[1]参见《智术，哲学的智术史》中的拉朗德释义。

[2]Gorgias, *Éloge d'Hélène*, 8, 82 B11 D. K., II, 190.

[3]*Œuvres complètes*, trad. Armel Guerne, Gallimard, 1975, II, p. 86.

[4]*Catalogue des travaux de Jean Dubuffet*, fasc. 24, Weber éditeur, p. 115.

---

① Happiness 是奥斯丁述行理论中的一个概念，指通过言语成功地实行某一行为的三个条件：说话者必须是具备实施某一行为的条件的人；说话者对自己要实施的行为须抱有诚意；说话者对自己所说的话不能反悔。作者在此处的意思是，城邦并不是建立在真理之上，而是建立在符合这三个条件的话语之上。——译者注

4

意

义

　　我们没有选择成为亚里士多德主义者。但无论是否愿意，无论是否认识到这一点，当我们开口说话时，就已经是亚里士多德主义者了。

　　为了理解这一观点的前因后果，首先要了解亚里士多德所有有关语言的规定，是它们让现代性得以诞生，我们也可以公正地将它们看作对智术的反驳：如何驯服语言，或者说，如何将伦理纳入语言？自亚里士多德以来，答案一直是：对意义的苛求。同样的结构是：意义、共识、排除，在不停重复。这一结构的源头是亚里士多德在《形而上学》中的《伽马篇》里所提到的语言针对智术师的原始战争场面：这一战争机器认为，那些声称是为了说话（的乐趣）而说话的智术师，是伪人类（pseudo-hommes），形同草木。阿佩尔（Apel）和哈贝马斯的共识哲学以及交往伦理学，这些学说成立的条件都要依靠在"坏的他者"（mauvais autre）身上，认为它应该被排除，驱逐至人类之外。于是，被认为是超验性要求的意义（也就是说作为人类语言可能性的条件）能够，也只能够依靠跟自己一样超验的排外法来自我肯定。或者简单来说，"常识"（sens commun）这个概念，不论是从"常规"（commun）还是"意义"（sens）方面来说，都让"非意义"（non-sens）、"无意义"（insensé）、"非普遍"（non-commun）和"非人类"（inhumain）这些概念产生。

亚里士多德以此提出了关于存在本身的科学的第一条准则，那就是流传后世的"矛盾律"。这样一条"最可靠"的准则，既是"最知名的"，也如同柏拉图所提出的"善"，"不依赖任何他物"[1]。但是，也有人拒绝这个准则，他们认为"同一事物可以既存在又不存在"[2]：这些缺乏教育教养的人迫使亚里士多德论证了这条双重不可证的准则，第一重是从形式上说，因为它是最原初的命题；第二重是从内容上看，因为它包含了一切证明得以成立的可能性。

亚里士多德说道：

> 于是，我们只有在对方开口说一些事情的时候，才能够用反面论证法向他证明同一事物既存在又不存在是不可能的；假如他什么也不说，那么同夸夸其谈、没有正经的人，在他没有观点的地方进行争论就会是荒唐的，因为这样一个人，就其作为这样的人而言，已经跟一株植物差不多了。我所说的正面论证和反面证明的不同之处在于，正面论证者明显会在论证中回到论证的出发点，而若是对方作为正面论证者，那么我作为反面证明者要做的是反驳而不是论证。这一切的出发点不需要对方说某物存在或不存在（这是一个人可能落入预期理由的陷阱），而需要他说出对他自己和其他人均有意义的某种东西。因为这种说话方式是必须的。如若不然，就无法同这种人理论，而且他既不能同自己也无法同别人交谈。假定了这一点，证明便将会可能：因为自那时起，确实有确定的东西存在了。然而该负责任的不是证明者而是接受者：因为当他驳倒这个论

述时，他其实是在支持另一个论述。①[3]

亚里士多德的策略是将这种不可能的证明用另一种证明来替代，而新的证明无法避免必然落入预期理由②，于是把所有的责任都交给另一方承担。证明变成了辩驳：它强调，反对者在否认这个准则的同时，已经预先假定了这个准则本身；证明者用"是你自己这么说的"来反驳那个否定它的准则。

应该抛开两种非根源性的情境。其一，不同于柏拉图对怀疑主义惯用的辩驳，辩驳法并不是通过"用彼之矛，攻彼之盾"来揭示逻辑上的自相矛盾；当然，如果说"同一事物既可以是又可以不是"是既是而非的，是因为支持这个观点的人自己也承认，这一论点假的成分大于真，但是，确切地说，这并不重要，因为反对者要求的是矛盾对立。其二，辩驳也并不仅仅是通过实用主义的自我矛盾而起作用的；当然，一旦对手接受了一个论点，并且愿意为它辩论，认为深陷泥潭不会既是一件好事又是一件坏事，从实用主义的角度说，他所做的事情就是他所反对的东西——落入预期理由，但他还是可以拒绝用"矛盾对立"来解释自己的失败，甚至否认这种对立是理论和实践之间的，或者更糟糕的是，他完全否认自己是在辩证法的游戏里。

两种情况的共同弱点在于，它们没有在自己的范围内考虑亚里士多德在一开始就提出的注意事项："这一切的出发点不需要

---

① 作者列出的法语版引用与亚里士多德现存的中文版翻译有不少出入，根据上下文语境进行调整后给出以上翻译。——译者注

② 预期理由又称"窃取论点"或"丐词"，是证明中以本身尚待证明的判断作为论据的一种逻辑错误。——译者注

他说某物存在或不存在……，而需要他说出对他自己和其他人均有意义的某种东西。"换句话说，因为辩证法已经习惯于预期理由，而且它自己就包含着否定自身的可能性，所以我们需要面对的是一个极端情况：一个针对辩证法的原初否定。由于它牵涉到对话和语言本身的可能性条件，因此可以将它命名为超验性辩驳。

这一辩驳包含一系列等量关系，它使得"说一些东西"[4]与"说出对他自己和其他人均有意义的某种东西"[5]相对等。这么一来，说话的行为(比如，说"你好")可以被当作绝对武器来用：要么对手保持沉默，放弃迎合那个拥有语言天赋的人所具有的特性，那样，他既不是对手，也不是另一个我(alter ego)；要么他说话反驳，那样，他就要指意，并且放弃否定矛盾律的可能性，因为矛盾律要求，并且能够证明，同一个(词)不可能在同一时间既拥有又没有同样的(意义)。这种不可能性不在于一个名词不可能是两个相对立谓语的主语，而是说，同一个词不可能同时拥有和没有同一个意义。那么，意义就是第一个不能容忍对立性的，我们遇见的和可遇见的实体。辩驳法被作为证明法用在矛盾律上，至少说明"存在"就是某种"意义"，否则，我们只能说世界的结构就如同语言的结构。

还需要强调，为了获得一个意义，只能够有唯一的意义。

如果有人确定要指称无限的事物，清楚的是，那将没有话语存在。因为如果不去指称某一个事物，那就是根本没有在指称，而如果语词没有在指称，那就会摧毁两个人之间对话的可能，以及自身的真理：因为如果不去思考唯一一个事

物，人们就无法进行思考，即便人们能思考，那也是将某个
语词置于此物之上。[6]

这一系列完整的等量关系做出了以下结论：说话即讲一些东
西，讲一些东西即意味着什么，意味着什么即意味着一件有且仅
有唯一意义的事情，对自己、对他人都一样。这就是意义的决
定。想说一些事情，*legein ti*，*sēmainein ti*，*sēmainein hen*①，这
就是亚里士多德要求所有人，所有想拥有逻各斯才能的动物的人
应该做出的决定。矛盾律是完全建立在单义性之上的。在语言中
禁止歧义现象就如同在社会中禁止乱伦。但是，亚里士多德的人
类概念还需要剔除诸如普罗泰戈拉这样的人，因为他们仅仅珍视
"那些口语中的声音以及字词本身"，而且固执地坚信"为了说话
而说话"，或是"为了愉悦而说话"（*legein logou kharin*）[7]，他们
不认为说话是为了指意，或是为了交流。

这个学说在由海德格尔开始到阿佩尔和哈贝马斯的这段时期
内，不断重复着。海德格尔认为，自相矛盾的人"从他自己的本
质中脱离，以进入不存在：如此一来，他中断了与存在的一切关
系"[8]。阿佩尔认为拒绝参与超验的语言游戏的那些人"只有付出
代价才能脱离这个体制，不是由于对存在的绝望而丧失自身作为
理性行动者的身份，最后绝望地自杀，就是由于偏执自闭的不正
常而丧失自我"[9]。在哈贝马斯那里这点更清晰，当他来拯救超
验实用主义之时，发现超验实用主义无力去应对那种否认自己来

---

① 该句古希腊语的中文翻译是：说一些事情，意味着一些事情，意味
着唯一的一件事情。——译者注

论证团体归属的结果怀疑论。哈贝马斯认为，唯一能够避开这个
坏他者的手段就是"自杀或疯癫"。[10]

　　亚里士多德说：若你是人，就说话吧。这意味着：像我一样
说话！意义的世界不停地吞噬着外部。关于排外的一个争议点
是：必然会混淆相异性和虚无性。引用利奥塔的话说，这个争议
甚至是各类纠纷的范例；因为我们或许可以这么说，语义制度残
害其他言语制度的方式在于，让其他制度失去证明这种残害的方
法：所有其他的制度都是听不见、叫不出、被强行排除在外的。

注释

[1]Aristote，*Métaphysique*，*Gamma* 3，1005b 13-14.

[2]Aristote，*Métaphysique*，*Gamma* 4，1005b 35-1006a 1.

[3]Ibidem，1006a 11-26.

[4]Ibidem，1006a 13，22.

[5]Ibidem，1006a 21.

[6]Aristote，*Métaphysique*，Ⅳ，4，1006a 1-1006a 1(我自己摘选).

[7]Aristote，*Métaphysique*，*Gamma* 5，1009a 16-22.

[8]*Nietzsche I*，trad. Klossowki，Gallimard，1971，p. 468.

[9]《 La question d'une fondation ultime de la raison》，trad. Foisy et Pou-
lain，*Critique*，octobre 1981，p. 926.

[10]*Morale et communication*，trad. Bouchindhomme，Cerf，1986，p. 121.

5

蛮族，蛮族化

古希腊语作为语言，作为思想，作为有关语言的思想这一彻头彻尾的过程，使我们可以恰当地用逻各斯这个术语来把握和形容它。逻各斯，众所周知，是指选择、采摘、归拢成束的过程：关联的产生、关联之间的关联、类比、关系、所有的重点。这个词全面地表现了语言和思想，并将这两者结合为一体，但这一过程的表现形式，却是一种无论在思想上还是语言上都有普遍性的单一语言：古希腊语。我们可以借助这一语言在哲学里创造奇迹。海德格尔说，希腊语的特长在于："唯有希腊语才能让希腊人的耳朵听到它之时，直面事物本身"；语言本身，"就可以通过语言以及语言的组构来探讨哲学"。[1]我们可以根据历史学家的考据来怀疑它：正如阿诺尔多·莫米利亚诺(Arnoldo Momigliano)所说，古希腊人是骄傲的单语主义者，正是这一点使得逻各斯这个术语的一词多义现象允许他们避免区分话语性和理性，也使得他们看不到自己所说的语言和人类特有的语言之间的差别。古希腊人并不说他们的语言，而是让他们的语言为自己说话。

第一个后果就是"蛮族"(barbare)这一概念的差异化阐释，或许应该称之为非包容性，这一后果与逻各斯本身是互补的。因为逻各斯，同意义一样，建立了一个非全即无的概念：所有人都拥有逻各斯这一天赋，"前提是他是一个人"。也就是这个普遍性使古希腊人区别于蛮族：希腊化的人，说并且以一种正确的方式说希腊语，他富有修养，思想正确，也就是说，他如同你我，像人类一样说话和思考，简单来说，他 *legei*①。而其他没有希腊化的人，变成了蛮族人（barbarise）。Barbarise 一词是由 *bla-bla-bla* 这一拟声词延伸而来的：他谈吐低俗，举止野蛮，满嘴胡言乱语，不知所云，粗俗而没有教养，不会思考——他是一个蛮族人，一个接近于不拥有逻各斯的动物。这里不应该混淆柏拉图的《美涅克塞努篇》（*Ménéxène*）中阿斯帕齐娅（Aspasie）的言论———一些有关国家界线的言论，但由于这些我们可以归入种族歧视主义的话语实则是建立在民主之上的，这让我们更感到不安。阿斯帕齐娅在伯里克利（Périclès）葬礼上轻声细语地说出的悼词，得到了"血统"、"源头"和"雅典本地人的精髓"这些概念的庇佑：从字面上看，"他们的贵族出身都来自祖先的杰出天赋"（《美涅克塞努篇》，237b 3-4）；而作为雅典民主制基石的政治平等原则（*isonomia*），其实只是与出生血统对等的一种政治代换。"因此，她继续说道，我们城邦的显贵和自由是坚实而稳固的，也是本质上为蛮族所仇视的，正因为我们是纯种的希腊人，从未同蛮族混血。佩洛普斯（Pélops）、卡德摩斯（Cadmos）、埃及普特斯（Ægyptos）、达那厄斯（Danaos）等这些本质上是蛮族但法律上却属于希腊的人，他们中没有一个和我们过的是同一种生活：我们生活的土地是真正的希腊，未曾混过蛮族的血，正是在这里，异族本性带来的纯粹仇

①　这是一个拉丁化以后的希腊词，可以直接译成"说话"，但其实也含有上文提到的"富有修养，思想正确"这些意思。——译者注

恨构成了我们的城邦。"(《美涅克塞努篇》，245c5-d5)

很显然，阿斯帕齐娅是柏拉图笔下被扭曲了的一个演说家——一位女性奉承者；一个被柏拉图用以反对修辞术，甚至是反对民主制度的策略的代名词。其实，并不难找到与之相对立的文本，不少出色的文本都认为古希腊人并非生而为古希腊人，而是后天所成。公元前 380 年伊索克拉底(Isocrate)的《赞美词》(*Panégyrique*)或许可以称为这类文本的一个模范，它用了 10 年时间探讨这个问题。下面是我们可以读到的，对雅典城最高程度的赞美之一。

> 我们的城邦已经在思考和言说上甩开了别人如此远的距离，以至于它的学生都已成为别人的导师。我们的城邦使得"希腊"这个名字不再意味着种族而是意味着反思。人们偏爱称呼那些受过我们教育的人为希腊人，而不是那些真正住在城邦中的人。(《赞美词》，50)

这真是对种族和血统的反叛，对教育和文化的平反啊！是思想、言语和反思造就了古希腊人。这是与《美涅克塞努篇》截然相反的。

除非？如果仔细推敲，这里的问题转变成了对希腊人称谓的扩大化，通过文化同化、教育和归并的手段[也就是伊索克拉底那里需要付出代价的派代亚(*paideusia*)①]，来为非希腊人授予

———————

① 由 pais"儿童"这个词演化而来的 *paideusia* 一词通常采取音译，意译普遍译为"教育"或"教养"。——译者注

希腊人的称号。文化与教育成了传播文明、扩张版图和殖民主义的工具。"希腊化"这个词从未被提出，但很明显，如果在血统上不是希腊人，我们还是能够在文化上变成希腊人。

然而，雅典人的排外性并没有改变。与《美涅克塞努篇》类似，《赞美词》对原住民现象也有深入的讨论："作为原住民，希腊人里独有我们能够称自己的城邦为乳母、故乡、母亲。"(24-25)对于蛮族的憎恶也没有改变。对斯巴达人和雅典人共同的赞美，在这个祖祖辈辈流传下来的憎恶中达到顶峰。在这两种情况下，我们必须记得："先人的美德和对蛮族的憎恶。"(73)"作为个人，认可用蛮族人来做奴隶是可耻的；而作为人民，认可盟友受蛮族人服侍也一样可耻"(181)：伊索克拉底发起的，雅典人和斯巴达人领导的那场战争，恰如一场"惩戒蛮族"(185)的仪式或圣战。帝国主义的威胁之所以在那时达到无法容忍的地步，是因为这个威胁是反自然的：蛮族人是"懦弱的""失败的""被惩罚的""卑劣的"，最后，也是"可笑的"。(149)用亚里士多德的话来说，天生为奴。与想要通过贪婪(179)、极端和蛮族的膨胀来让蛮族人改变天性、翻身做主相反，古希腊为蛮族人量身定做的派代亚是被强制征用的。

因此，当有人想宣称古希腊的存在是一种文化而不是自然血统(这也就是新的"希腊人"的定义)的时候，我们也自然不会因为这种言论长久以来屈服于希腊人/蛮族人这一本质对立而感到惊讶。

我们还需要求助于柏拉图的另一个对手：拉姆朗特(Rhamnunte)的安蒂丰，他是一位智术师，也是《美涅克塞努篇》主要批驳的对象。(236a)虽然莎草纸上记录的《论真理》(*Sur la vérité*)

已经被损毁大半，但不可否认安蒂丰的这一文本是对古典哲学
的颠覆："那些远去的(律法，习俗?)我们已不可能明白，也不
会去遵守。那么，当本性上我们全然、完全以相同的方式发现
自己自然而然地是蛮族人和希腊人的时候，我们之间究竟是怎
样相互蛮族化的呢？人们可以说，来自本性的东西对于所有人
都是必不可少的，所有人能动用的能力是相同的，在这一点上
我们中没有人被标记为蛮族人或是希腊人。我们都是在空气中
用嘴巴和鼻孔呼吸；我们都是在心情愉悦时微笑，在悲伤时哭
泣；我们都是用耳朵听见声音，用眼睛看到太阳；我们都是用
双手劳作，用双脚走路。"

"我们"，蛮族人和希腊人，拥有同样的血统。我们每一个
人在血统上都自然而然地(正如安蒂丰的文本所说的重复性一
样)既是希腊人也是蛮族人，这不是二者择其一，而是两者兼
具。换句话说，区别确实存在，但对个人来说这种区别是不明
确的。如果我们再往前一步，或许可以说：这种区别有意义，
但没有参考意义。它不是实质性的，也不是实质化的，而是开
放的和中空的。"蛮族化"这个动词使用得非常少，它很有可能
是第一批(若不是第一个)象征着这一空缺的词。当我们互不认
识也互不尊重的时候，我们互相使对方蛮族化——这是一个暂
时性的行为而不是一个本质。这么看来，莎草纸上残留的片段
并不足以让我们得出与所有编辑目前认同的猜测不同的东西。
当我们拒绝承认构成他者的必要条件时，我们使他者蛮族化，
这一过程并不是根据他者的血统，因为两者的血统是相同的，
而是根据法律、习俗、宗教信仰、存在的方式，广义来说，就
是根据政治。我之所以提到"政治"这个词，是因为在莎草纸的

文本上，安蒂丰也造了在此处看来也新鲜的词："政治化，市民化"，*politeuetai tis*。他说道："我们政治化，市民化。"而"正义，就是指不超越政治体规定的界限（我们在界限内政治化）"。每个政治体，包括我们所在的那个，正是以此在时局上成为一个有效的共同体。雅典也不例外。在这个普遍的意义上，希腊人和蛮族人的区别从逻辑上来说就不确定了：在政治以内，正义面前人人相等；在政治以外，我们拥有相同的血统和本性。根据"政治化"这个词的定义，"蛮族化"这个词可以用以下方式定义：不认为他者的城邦是一个城邦。换而言之，柏拉图，伊索克拉底，甚至是亚里士多德都很有可能蛮族化。因此，蛮族化并不是仅仅认为他者"是"蛮族，他者的"血统"与你们不同，而是也相信他者并不和你们一样拥有政治。

这一课或许看上去像是"政治正确论"的巅峰。我认为现在有必要缓和一下这一情绪——为政治正确再出一份力……

词语产生了血统的或自然主义的身份：我们是蛮族人，或者我们生而为蛮族，就像我们也可以是，或者生而为希腊人一样。动词暗示着文化身份：在某一时刻，我们变成了蛮族或者希腊人，并且持续某一段时间。动词和名词之间的区别标志着血统和文化之间的区别——种族主义和民主制度之间关系的问题建立在语言的问题之上。但把对他者剩余的憎恶叫作"蛮族化"，这就是民族中心主义不可避免的剩余部分。福楼拜写道："我要让一个文明人变得野蛮，让一个野蛮人变得文明"[2]。剩下的就只是那些让本质和血统不停变化的文字上的反义词，想根据这两个问题做出点观点和行动来，但最终它们只是以不对称的形式存在，两者中的一个，毫无悬念，被赋予普遍性的价值。

注释

[1] *De l'essence de la liberté humaine*，*Introduction à la philosophie* [1930]，tr. E. Martineau，Gallimard，1987，p. 57s.

[2]"要是我再年轻一些，有钱一些，我会回到东方去研究现代的东方，在苏伊士运河以东的地峡。写一本关于那里的大部头是我的夙愿。我要让一个文明人变得野蛮，让一个野蛮人变得文明，让这两个原先对立的世界最终合而为一。"Gustave Flaubert，*Correspondance*，1877，p. 94.

6

修辞术：时间和空间

柏拉图在《高尔吉亚篇》(*Gorgias*)中发明的"修辞术"这个概念，也是本体论的一项发明，其目的在于驯服，或者说空间化演说中的时间。在修辞术中，并通过修辞术本身，时间被简化为空间：演说首先是一个自我展开的有机体(它有一个"展开计划")，之后环环相扣(柏拉图说，一定要知道如何"切断"它)；从"狭义"的角度来看，演说由"比喻"(tropes)和"隐喻"(métaphores)编织而成(人们能听到空间在说话)。总而言之，这里的问题，就是要摒弃那个造成同音异义和语义模糊现象的话语性，抛开抓住时机的任务，否定未完待续(*à-suivre*)①的线索，并寻求能够说好话的*topos*和*topoi*②。这么一来，哲学家们之所以认为智术是越界了的修辞术，是因为智术总是在追求一种"有关时间的修辞术"，这种修辞术对于空间的修辞术而言，就犹如智术的话语性相对于柏拉图和亚里士多德的本体论一样。我们不必感到惊讶，这一时空的区分法也印证了"陈述之物 (énoncé) 的修辞法"和"陈述

---

① 作者认为 *à-suivre* 是时间性修辞术的一个特性，带有明显的时间性。本书中的这个有关修辞术的文本其实是作者有关这个问题所有文章的摘要和选录，因此有较多未做解释的术语，具体论述请参考作者有关修辞术和智术的完整作品。——译者注

② *Topoi*，是 *topos* 的复数，该词在修辞学上表示惯用语句，此处是指柏拉图发明的修辞学安于使用这些惯用语句，被限定思维。——译者注

(énonciation)的修辞法"两者间的区分——这一区分是我们经常提到的。

在斐洛斯特拉图斯(Philostrate)的《智者言行录》(*Vies des Sophistes*)开头，那个与第二代智术师同名的文本是一个很好的出发点。因为无论第二代智术与由高尔吉亚创立的、被斐洛斯特拉图斯称为"哲学修辞术"的第一代智术有何种区别，这个由艾斯基尼(Eschyne)创立的，主要利用生动描述和历史材料的第二代智术，拥有和第一代智术一样悠久的历史；并且两位创立者至少有一个共同点，斐洛斯特拉图斯对这个共同点有过长篇论述，简而言之，就是他们都即兴创作。即兴创作，也称为即兴(*ex tempore*)，是一个核心要素。逻各斯论是一种年代学：时间是演说得以执行和有效的基本根据。斐洛斯特拉图斯寻求"浩瀚之流般的即兴演说之源"：时间的比喻很显然是对流动性和通量的比喻。话语的时间和生成(devenir)的时间：这是一个理解智术和赫拉克利特主义(héraclitéisme)相近之处的良好视角——"一切皆流"①，不仅针对感冒患者，也针对说话者。我们还需要了解古希腊人说"即兴"这个词的方法：*skhedioi logoi*，即兴演讲；*skhediazein*，即兴发挥。副词 *skhedon* 和形容词 *skhedios* 表示相近性，可以是空间上的(两位近战的勇士)，也可以是时间上的(死亡的逼近，突然事件的降临)；再者，*skhedia* 这个词，在《奥德赛》(*Odyssée*)的第 5 卷中被宙斯用来描述"相关联的接近"(rapprochement bien lié)，这与奥德修斯精心制造的那艘娇弱的"木筏"有异曲同工之处，奥德修斯制造它的目的是逃避他对卡利普索(Calypso)的爱。

---

① 　指流鼻涕，*couler* 在法语中有流鼻涕的释义。——译者注

即兴演说如同人们在时间的长河中登上的一艘艘木筏。斐洛斯特拉图斯继续说道："高尔吉亚正是即兴发言的始祖，他有勇气步入雅典的剧场大声说'提出你的要求''先抛一个话题出来'，如同人们说'请先开火吧，英国绅士们'（Tirez d'abord, Messieurs les Anglais)①。他也是第一个冒着如此巨大的风险，将自己与偶然和机遇联系在一起的人，这在一方面展现出他的无所不知，另一方面展现出他将自己交给机遇，从而知无不言。"斐洛斯特拉图斯将我们带到了"时机"的面前，一种能够抵抗空间化的完美时间性。

Kairos 或许是古希腊语中最难被翻译的词之一；它建立在两个基础之上，一是希波克拉底文集(corpus hippocratique)，二是品达的诗歌(poésie pindarique)；它是时间修辞术特有的。这么说吧，我们可以借用小克雷比永(Crébillon)《夜与时刻》(La Nuit et le moment)中的"时机"和"时刻"这两个释义来解释它：Kairos 是一个俊美的男子，他光秃着后脑勺，仅在前额有一小缕头发，（当他经过之时）伸手抓住这缕头发的人，即抓住了时机。这就好比射箭中的关键时刻，所有可能性一触即发；也像医生所说的"危险期"，一个在治愈和死亡之间的重要时刻；又像品达式或悲剧式的弓箭手射出的那支箭，在中靶和射偏之间徘徊。Kairos 和 skopos(目标、靶心)不同，它形容"武器造成致命一击"的那个时刻：这是命中注定的一箭，一箭穿心。这是一个完全依赖于时刻

---

① 典出 1745 年丰特努瓦战役。当时英国指挥官在阵前挑衅让法国军队先开火，而法国指挥官回应的就是这句话。这句话表现出临阵无畏的勇气，后来成为一个典故，因为伏尔泰的记录而出名，用在这里是为了说明高尔吉亚的无畏。——译者注

的"目标"，一个完全时间化的地点：我们或许可以理解为什么拉丁语中 *tempus* 这个词不仅意味着"时间"，而且有"额角"的意思；思考 *kairos* 一词让我们理解了"额角"、"时间"和"神庙"这三个词都有同一个词源，那就是古希腊语 *temnō*(意为"切断")。*Kairos* 同时拥有"切断"和"开始"两个意思：准确来说就是《伊利亚特》(*Iliade*)中提到的"铠甲的缺陷"(défaut de la cuirasse)，也可以是"骨缝"(suture osseuse)，或者是"港口"和"门"这两个词所暗含的"机会"(opportunité)这些释义。它既表示适宜性(à propos)(也就是说，正确方法、简洁性、精巧性、适当性)，也表示时机(occasion)(也就是说，优点、利益、危险)。奥奈恩斯(Onians)猜想，*kairós* 和 *kairos*"有同一个本源"[1][前者字母 *o* 上带的尖音符在尚特兰(Chantraine)看来正是"正中靶心的一击"，后者的扬抑符在尚特兰看来"是用于固定织布机经纱两个顶点的弦"，它不畏惧相近性]，重音符的模糊性是后来产生的。*Kaîros* 代表着间距、空白、用镊制造的开口，准确来说是"调控绳"。它如梳子一般"理清千丝万缕"，然后一下子将其捆扎成束，在垂直面和水平面上理清引纬①的经线和纬线，并划定工作区域。[2]因此，品达用这个词来形容主题的交错性：当我们"说出(或联结)(articule)*kairos* 这个词时"②[3]，词一面被射出，一面又被编织起来。总之，这个术语形容一个在分界和开放之间的关键点，这是在持续体中的不持

---

① L'insertion de la trame 是一个纺织技术术语，中文翻译为"引纬"。它是织机的主要运动之一，是指将纬线从织机的一边引入张开的经线层。——译者注

② 这个短语中的 articule 带有该词所有的释义，即既表示"说出"，又表示"联结"。——译者注

续点，是空间中的时间之孔，或者说是空间化了的时间中的一小段时间：伴随着 *kairos*，我们陷入了一个时机(cas)，其实，也只剩下时机了。

从此以后，陈述产生的现时(présent)被归入这一串问题中去，不可分离：既不存在现时的残余在场(présence rémanente)，也不存在元语言。这就是对立(contradictions)和反转(inversions)的源头，也就是悖论学(paradoxologie)。一个有趣的范例就是普罗泰戈拉和欧亚特勒(Euathle)之间的那场著名争论。据说有一次，当普罗泰戈拉向他的学生欧亚特勒收取学费时，欧亚特勒回答说，"但我还一次都没赢过呢(*oudepō…nenikēsa*，完成时)"。"好吧，"普罗泰戈拉说，"要是我赢了(*all'egō men an nikēsō*，将来时)，因为我将会赢(*ego enikēsa*，不定过去时)，那你就必须付钱给我(*labein me dein*，现在时)；而要是你赢了，因为是你赢的(*ean de su*, *hoti su*，省略动词)，所以也要付钱。"[4]这就是司法雄辩术的例子，在安蒂丰的《四联剧》(*Tétralogies*)中以范例的形式出现：制造虚构的事实或虚假的起因的东西，是浸入时间中的逻各斯，尤其是那些用于演讲辩护词的时间(第一指控，第一辩驳；之后是第二指控，第二辩驳)，以至于所有论据都可能在下一秒变成反论据。但我们需要理解，这里并不像 *Dissoi logoi*① 那样，认为对于一个给定的论据，我们总是能够做出一个相反的论据，而是说，论据在被说出的那一刻，因为它已经被说出了，所以它变成了自己的反论据[它越可疑，就越有可能是有罪的；反对：

---

　① *Dissoi logoi* 字面意思为"不同的词"，在修辞术中指"对立论据"。——译者注

他是无辜的。它有越少的证人，就越无辜；反对：他是有罪的。我们借鉴一下阿加莎·克里斯蒂(Agatha Christie)]。这符合 *kataballontes*(论证)的模型，也就是由普罗泰戈拉发明的"反转论据"(arguments renversants)和"灾难性论据"(arguments-catastrophes)。这一活动被空间化的过程踩了刹车，或者说是被矛盾律中的同时性(*hama*)踩了刹车：这一表示"同时"的概念扩展了 *tota simul*(完全同步)这个概念的视野，并用那些残余在场的共同在场(coprésence)来阻止未完待续的过程。

意义随着陈述被创造出来，不仅在论点和组句层面，而且在句法和组词层面。这就是高尔吉亚的《论不存在》早已让我们意识到的东西，该作品探讨的同一性(identité)命题的不稳定特征也让我们注意到：说"不存在者存在……"(那么它其实存在)，而说"……不存在"(才是真正说它不存在)。继柏拉图的《智者篇》之后，亚里士多德的《范畴篇》(*Catégories*)和《解释篇》(*Sur l'Interprétation*)中提出的"句/法"(syn-taxe)①问题的空间化就被上面提到的这一过程给阻止了，亚里士多德的这两个作品中提出的空间化过程奠定了主语和谓语不容置疑的地位。

在词语的层面上，重点被放在了声音和能指上。因此，一方面，我们看到对于声音(*bombos*, *phōnē*)和修辞术行为的重视，斐洛斯特拉图斯不断强调这一点(《智者言行录》，483)；另一方面，我们看到对由声音、沉默、转调、重音、声调带来的同音异义现象的重视，亚里士多德写给盖伦(Galien)的《辩谬篇》(*Réfutations*

———————————

① 句法在此处被拆分，从词源学的角度看，syn-taxe 来自古希腊语 σὺνταξις，意思为"使……有秩序""整理"。——译者注

sophistiques)见证了这一现象。能够抓住转瞬即逝的时机的东西，很显然可以产出精神的词语，斐洛斯特拉图斯也非常强调这一点。"高尔吉亚化"（gorgianiser）：斐洛斯特拉图斯发明的这个词很说明这个问题，无论是因为它在语音学上的力量，还是因为它组成于一个专有名词这一点。"高尔吉亚化"这个词通过它的声学特性，将格律和音乐赋予散文。这就不难理解为什么亚里士多德诟病智术师拥有"诗化风格"[*poietikē*(…)*lexis*]，而且不理解"逻各斯的风格与诗歌的风格是不同的"这一点。《苏达》(*La Souda*)[5]指出，亚里士多德赋予了修辞术"句子的属性"(phrastique)，并且授权它使用几乎所有的修辞格(比喻、隐喻、讽喻、换置、误用修辞、次序倒置)，但高尔吉亚式的修辞格首先必须是可被听见的或声音的修辞格，举例来说："重叠(*anadiplōsesi*)、反复(*epanalēpsesi*)、翻转(*apostrophais*)和对应(*parisōsesin*)。"当雅典的语文学家第一次听到高尔吉亚这些"非同寻常"的修辞格时，他们目瞪口呆。狄奥多洛(Diodore)在描述这一令人惊讶的情形时，也保留了同样的修辞格："对照(*antithetois*)、协调(*isokolois*)、对应(*parisōsin*)和同韵脚(*homoioteleutois*)。"高尔吉亚式的比喻与空间化的比喻是对立的。隐喻和换喻(métonymie)分别通过比例的类比("夜晚是老去的白昼")或是以偏概全的方法(帆指代整艘船)来作为全景几何学的方法：(这一所谓的全景几何学)就是说永远看到"同样的东西"，试图构建世界的全景并产出一个秩序井然的景象。

我们可以据此将哲学的逻各斯与智术的逻各斯论对立起来，就如同将空间的储蓄与时间的耗费对立起来。我们很容易就能看到海德格尔的论述在发展中表现出的本体论范式，即便这些发展是以一种对赫拉克利特式逻各斯的阐述而出现的，或者说，它们是针对普罗泰戈拉那句有关人类尺度的名句的解释。"现象"在此处成了 *onta*(存在)，时间被空间化为在场，话语的力量被空间化为储蓄起来的空间："如何能否认，在希腊语言之始，*legein* 就意味着演说、说话、讲述？也仅仅在这个意义上，在一个更久远的，且从某种意义上说更原始的时代(也就是说'一直以来'，'以更内在的方式')，*legein* 这个词已经具有和 *legen* 这个同音异义词相同的含义：放置，在……前展开。*Legein* 这个具有展开意思的词，是如何开始指称说话和演说的？为了找到这个问题的答案，我们应该思考，具有展开意思的 *legein* 究竟是指什么？展开(*legen*)的意思是：把东西放平。同时 *legen* 意味着：拣选，聚拢。*Legen* 是 *lesen* 的近义词。最为我们熟知的 *lesen*，其意思是阅读，它也有拣选和铺展的意思。拾穗者聚拢地上的麦穗，酒农采下一串串葡萄(……)但是收获可不仅仅是堆成一团(……)贮存的行为已经是着手收获的第一步了，将收获来的东西抑或是杂乱，抑或是有序地管理起来(……)贮藏在收获这一行为的基本结构中具有最优先的地位。"[6] 说话，对于本体论来说，就是收获和储蓄的行为。

针对这一点，逻各斯论可以将著名的第二代智术演说家艾利乌斯·阿里斯提德(Ælius Aristide)的一句话作为自己的格言："话语与时间并行。"(*Contre Platon*, *pour défendre la rhétorique*, 408)与时间并行意味着无论在哪个时刻，都立刻在场：现时的特性不是永恒地在场，其真正的特性是转移性；演说很显然地与 *kairos*，即"机遇"、适宜的"时机"联系在一起，演说者抓住它就如同"即刻(sur-le-champ)射中目标"。"即刻"在古希腊语中是

parakhrēma 这个词：副词，意味着肯定 *para to khrēma* 的实际存在，这个意思是"时刻待命"的短语显然有更丰富的含义。它意味着某个在手头的、时刻都能被使用的工具，如同那些已经很珍贵，却远远比不上逻各斯的"财富"。我们需要看到逻各斯最"不切实际"①的特征：它永恒的直接性造就了它取之不尽、用之不竭的特性。普通的财富，尤指那些可积累的财富，以双重方式被消耗：首先，它以消耗土地资源的形式被生产出来；其次，当我们花费它时，它的数量减少。相反，"对话语的支配和统治不会在运用时被消耗"（*para ten khrēsin*）：换句话说，真正的财富，就是总能随时运用逻各斯，这也就是说，成为演说家。演说不仅不会因为我们的使用而消耗殆尽，而且会增加。我们也可以用通俗的例子来看待这个现象：用资本主义经济学术语来说，花费带来收益；用语言学术语来说，语言能力（compétence）随着语言运用（performance）而进步②——这两个相对的术语能够交叉也显然不是一个偶然现象。艾利乌斯·阿里斯提德在针对逻各斯这个特定的对象之时，对智术最本源的其中一个问题进行了第一次也是唯一一次命题化，我们需要强调：存在的问题，并不是收集和采编的过程，而是消耗和花费的问题。智术用时间对抗空间：根据一种令人生畏的准确类比，我们需要理解，这么做的后果是将有关存在的一种阐释（当我说"存在"的一种阐释时，我承认艾利乌斯·阿里斯提德赢了）与另一种有关它的阐释对立起来——这么

---

① 此处是讽刺的用法，因为取之不尽、用之不竭的东西在现实生活中是不切实际的。——译者注

② "语言能力"和"语言运用"是乔姆斯基（Chomsky）重要的语言学概念。——译者注

说吧，消耗对立于积累；也将逻各斯的一种阐释与另一种对立起来，即演说的逻各斯对立于延展的逻各斯。这是个一决高下的战场，是逻各斯高于存在(存在是用逻各斯的术语被思考的)，还是存在高于逻各斯(逻各斯是用存在的术语被思考的)？最终，这也是对时间模型的选择：演说的流传①对抗现时的在场，后者将此在(ek-sistant)变成了存在的守护者。

智术给我们带来的这一模型，其现代回声可以在《普通经济学评论》(*Essai d'économie générale*)中找到，它指出"财富的'花费'(或者说'消费')，相对于生产来说，是第一目标"。这一回声或许来自对尼采和弗洛伊德作品的片面阅读，天真地看待了可操纵的价值化，它本身或许就带有令人厌烦的过时性。乔治·巴塔耶(Georges Bataille)清楚地提出了反对的声音。一方面是狭义经济学，物体，积累，实用性的和商业化的交换，以及我们的日常；另一方面是普通经济学，能源(太阳光、奢侈品、性、宗教节日、赠品和祭品)，以及能源的挥霍。在将两者系统化之后，我们总是看到前者胜过后者——巴塔耶指出，我们无法避免"给'普遍经济'的各项原则建立一个相对模糊的基础：因为能源的挥霍总是与事物本身相对的，但其实，挥霍的问题只有进入到'事物的秩序'(l'ordre des choses)这一范畴中才可以被考虑，也就是说，它首先要被转变成'事物'"[7]。

---

① 作者将 discours(演说)刻意拆开。拆得的 dis-cours 在拉丁语中的词源为 *dis-curro*，其中，*curro* 的意思是奔跑，前缀 dis 的意思是分离。在原文中，"流传"用的就是 discours 中 cours 这部分词根的名词形式 course。——译者注

注释

［1］Richard Broxton Onians，*Les Origines de la pensée européenne sur le corps*，*l'esprit*，*l'âme*，*le monde*，*le temps et le destion*，trad. fr. par B. Cassin，A. Debru et M. Narcy，Seuil，1999，p. 408.

［2］Bernard Gallet，*Recherches sur kairos et l'ambiguité dans la poésie de Pindare*，Talence，Presses universitaires de Bordeaux，1990.

［3］Pindare，*Néméennes*，1，18；*Pythiques*，1，81；9，78.

［4］80 A1 DK，Ⅱ，225，12-14。

［5］《苏达》是公元 9 世纪末的一部希腊百科全书。它是一部经常被古希腊研究专家引用的著作。

［6］Heidegger，《*Logos*(Héraclite，fragment 50)》，*Essais et conférences*，trad. A. Préau，Gallimard，1958，p. 251-253.

［7］Georges Bataille，*La Part maudite. Essai d'économie générale*，Minuit，1949，t. Ⅰ，p. 89，note 1.

7

拉

康

"精神分析师是我们这个时代的智术师，但地位不尽相同"[1]，拉康如是写道。

这种外部的相似性实在惊人。在哲学和公众舆论看来，最引起争议的是，智术师和精神分析师都用高昂的价格出售他们的语言才能。当然，我们付钱消费的是两种截然不同的东西，但也有共通性。从一方面来说，金钱向我们证明了智术式或分析式的话语是有用的。付费和有效性相互担保，这很容易理解——"总体来说，人们对智术师预言般的话语有盲区。它们曾经或许真的是一些很有效果的东西，因为我们知道，就如对待精神分析师一样，我们向智术师也付了很多钱"[2]。从另一方面来说，金钱的参与也意味着这里边没有真理，因为真理无论从何种意义上来说，都不是金钱可以买到的。根据柏拉图和康德的原则，我们既不会为真理，也不会为美德和爱付费，这些东西的珍贵程度早已超出了金钱本身。金钱不是这两者管辖之内的征象。因此，金钱确实就是话语这一实践非哲学性的征象。我们从中也看到一整套政策，旨在将智术师和精神分析师判定为对象 a(l'objet a)①[也就

---

① "对象 a"是拉康提出的一个哲学范式。我们姑且将其理解为和欲望有关的、无法言明的对象。需要注意的是，对象 a 所要表明的是由于对象的缺失而得不到满足的欲望自身，而非欲望的对象。——译者注

是"蝇粪"(chiure de mouche)①和"被期望了解的人"]。这是他们
与苏格拉底不同的地方，因为对象 a 并不喝毒芹汁。

　　拉康的精神分析与智术的共同点在于：话语与意义之间反叛
性的关系，以及话语和哲学真理之间的距离。这种关系确切来说
旨在把话语作为一种行为来认识，它不但有一个有效性的概念
[话语是一种药(pharmakon)，它能够治疗并转变世界]，还具有
语言表现(performance)和能指(signifiant)的可靠性。本维尼斯特
有关话语行为理论的敏感性让他对精神分析做出了如下诊断：
"这种既会表达又具有行动力的语言究竟是什么？"[3]奥斯丁的述
行理论认为言语是一种行为，这看上去就是重新认识精神分析的
核心元素。当然，拉康也没有搞混以下这一点，即要想理解这一
切，只能通过亚里士多德的矛盾律。

　　　　我希望你们阅读亚里士多德的《形而上学》时，和我一样
　　感觉到这简直"愚蠢至极"……借用被海德格尔引用的这个柏
　　拉图术语，我们正处在当代思想巨匠的碰撞之中。这意味着
　　必须改写作为一切(话语)原则的原则，从"矛盾不存在"原则
　　到"性关系不存在"原则。《健忘者说》(« L'Étourdit »)②想要说
　　的就是性关系不存在这一新原则的话语性。看到这个如此敏

─────────────

　　①　"蝇粪"一词出自拉康1974年的罗马演讲。根据上下文，对象 a 就像
"蝇粪"一样(渺小而卑污)。——译者注

　　②　该作品尚未被翻译成中文。Étourdit 是拉康自创的一个词，该词由
étourdi 和 dit 复合而成。其中，étourdi 的意思是"健忘者"，dit 的意思是"说"。
根据拉康的理论，在日常对话中，人们说的话被对方在成见所导致的"急于理
解"式的听讲中遗忘。故在这种对话中，人是"健忘者"，étourdit 则是促使健忘
者不在被遗忘的真话面前退缩而产生的言语行为。——译者注

锐、博学、机警、头脑清晰的人陷入绝境，真是有趣极了，
为什么呢？因为他质疑原则本身。自然地，他完全没有想到，
原则就是这个：性关系不存在。他没有看到这一点，但是看
得出来，他提出的所有问题都是在这个层面上的。[4]

　　我们正处在当代思想巨匠的碰撞之中。这意味着必须改写作
为一切（话语）原则的原则，从"矛盾不存在"原则到"性关系不存
在"原则。拉康这个作者和《健忘者说》这个文本正是见证了，"性
关系不存在"这一新原则的话语性所遇到的巨大困难。亚里士多
德所称的"形同草木的人"，拉康将其命名为"言说主体"
（parlêtre）①，并且他还为精神分析学下了一个定义，这个定义隔
山打虎般地翻转了亚里士多德对于"为了说话而说话"的斥责：
"精神分析，就是要将言说主体明知说话是徒劳的，却仍然费时
说出的那个东西对象化。"[5]

　　但是拉康和高尔吉亚一样，也是从巴门尼德和本体论着手
的。在比《再来一次》（*Encore*）（1972—1973 年）更加清晰易读的几
篇文章和第二次罗马会议（1974 年 11 月 1 日）的演讲中，拉康着
力聚焦于两个奠定本体论根基的论点，并告诉哲学话语，在接下
来的几个世纪中，本体论会以何种样貌出现。第一个论点是"存
在者存在，不存在者不存在"（*L'Être est et le non-être n'est pas*）：
"正是因为他诗人的身份，才使得巴门尼德能够以相对不那么愚
蠢的方式说出这句话。否则的话，'存在者存在，不存在者不存

---

　　①　该词亦是拉康自创的一个词，由 parler 和 être 复合而成，前者表示
"说话"，后者的意思是"存在"。该词的释义为：语言的存在；言说主体；人
类。——译者注

在',我不知道这句话对你们来说意味着什么,但我认为这相当愚蠢。我也不认为这么说很有趣。"[6]第二个论点关于存在和思想的同一性问题,或者说关于这二者的共同归属问题,拉康说道:"我思故我在。这无论如何还是优于巴门尼德所说的东西。可怜的柏拉图,他脱离不了对思想(*noein*)和存在(*einai*)的模糊并置。"[7]拉康采用的方法,与柏拉图的《智者篇》中"陌生人"阐释巴门尼德所用的方法是一样的。而至于亚里士多德,他又说道:"他的错就在于认为被思考之物如同思想本身,也就是说认为存在会思考。"[8]本体论,无论是古代的还是现代的,无论是有关物质的还是有关主体的,在这里简单地以循环论证的方式出现:"存在的话语预设了存在者存在,而且存在者就是这一话语的内容。"[9]这也正是《论不存在》中的论证,唯一不同的是拉康否认这样说是为了娱乐:高尔吉亚向我们展示了,本体论之所以有它的地位,并且能够占领整个思想舞台是因为它忘记了,不是说忘记了存在,而是说它忘记了自己本身就是一种话语。

在本体论面前,智术的命题和拉康提出的命题合二为一:存在是"说"的一个效应,"一个言说的事实"。正是基于这一点,拉康才不能不被称为智术师——虽然很遗憾的是,拉康否认自己是巴门尼德、柏拉图、亚里士多德或者海德格尔的传人,也否认自己是哲学家。为了厘清拉康的逻各斯论倾向,我们只需要将拉康的引文和智术的引文并列起来参看。存在是言说的事实这一点,简单来说意味着"不存在任何先于话语的实在,每种实在都以话语为基础并受到话语定义"。这就必须颠倒意义的方向,意义不是从存在到言说,而是从言说到存在——用塞克斯都·恩披里柯(Sextus Empiricus)引用的高尔吉亚《论不存在》中的话来说:"并非是话语纪念(留存)了外界,而是外界揭示了话语。"[10]因为正如高尔吉亚谈论巴门尼德的存在时一样,外界仅仅随着话语的不断被创造才能够被掌握、被结构化和存在,而外界反过来对于构建了它自己的话语又提供了指示。外界使自己成为话语的"启示者",在这个意义上,所发生的事情成就了话语,实现了话语构成的预言。如果突发某件事,那么无所谓发生的事是什么;因为无论发生什么事,这件事或它的对立面,都能够在预言和梦境中得到解释。这不是说命中注定,而仅仅是和话语有关:儿子杀了父亲,这件事情不是他杀了父亲,就是他没有杀父亲,而弗洛伊德却用俄狄浦斯的故事来讲述这件事。这也就表明了为什么智术师不是预言家,前提是我们简单地认为预言家只是通过某些符号推理,进而获得那些早已被写下来的知识的人;但他们也可以说是预言家,如果我们理解到这一层,预言家或者是理疗家通过言说的力量来促使产生一种新的状态,或一种在事后让人能够洞若观火般了解世界的新感知。我们把事实看作是固定的(fixion),并根据实际情况贬低了真理的地位:唯一存在的只有阐释,以及有关阐释的阐释。

持续存在的实体对象消失了,取而代之的是效应和这一效应的有效性:对象 a 是"不知道它是什么的那个对象"——"这一点证明了柏拉图思想中前苏格拉底阶段遗留下来的问题"。同样的,"当你着手话语分析,当你是分析师时,象征、想象与实在是在你的话语中实际起作用的意义。但这三项只是为了话语,或者通过话语才会真正出现"[11]。因此,"实在""外界",或者简单来说——存在,并不是先于一切存在的,而总是事后才出现。它总是和已经做出了预测的话语相符合,它的存在仅仅是因为被大肆谈论过，就像巴门尼德的实体以及高尔吉亚和欧里庇得斯(Eurip-ide)的海伦公主(l'Hélène)一样，都是被偶像化、被固化的一缕清风罢了。

一系列否命题接踵而来，带着天真的眼光看待传统科学话语。例如，对于"宇宙学"，"在精神分析话语中就没有什么能够让我们抛弃所有有关世界的固有性和持存性的东西吗"[12]；对于"物理学"，"这个新兴学科跟实在有什么关系呢"，它在与亚里士多德同一阵营的"行为主义"中也有表现；最后，有关历史，"历史"可以从"基督教历史"中外推而来，"在基督教历史中，任何一种事实都要接受质疑"，并且所有的真理都必须是"言说—记载(dit-mention)①，也就是说，记载的言说"。这一系列的否定最终汇聚到了这一句子中："没有有关存在的语言。"拉康也最终能够通过给基础本体论命题冠以陈述②的特征来使其失去作用，而正如我们所知，这一陈述的特征，其实就是前苏格拉底哲学家被后人记述的方法③："正如'某人'所说的那样，存在者存在，不存在者不存在。"④我们用逻各斯论自身来总结："我不同意关于存在的语言。这意味着可能产生词语的虚构，我是说由词语产生的虚构。"[13]

存在是言说的事实这一命题，让我们格外留意指意的问题。

_____

① 该词是拉康创造的一个复合词，与 dimension(维度)同音，表示言说具有历史的维度，故译"言说—记载"。——译者注

② 此处是指与陈述之物(énoncé)相对的陈述(énonciation)。——译者注

③ 这是指通过语文学和谱系学的手段，汇编和整理未曾留下过作品的古希腊哲学家的学说。——译者注

④ 这是论述汇编过程的一个例子，正是通过这样的一句句引用，语文学家才能汇编出某位古希腊哲学家的学说。——译者注

基本的要点是要"区分出能指的维度"。"'区分出能指的维度'的深层含义在于,从声学意义上说,你们听到的东西和它指向的意义之间毫无关系。"[14]同样地,逻各斯论也顺从由言说到存在的线路,而不是从存在到言说。我们不是从所指出发到了能指,而是正好相反:"所指,不是我们听到的。我们听到的,是能指。所指是能指的效应。"词语的虚构意味着与哲学的决裂("怎么样才能让你们放弃对我的术语哲学化的用法?那些下流的用法?")[15],于是话语就有了新的处境(存在于声音和同音异义式的写作之中),思想也有了新的处境("在额头的皮肌中",就跟刺猬一样)。精神分析强调一个被定义的话语作为声音的自主性,同时也让能指簌簌作响,因此,正如高尔吉亚在同时代人爱恨交织(hainamoration)的眼光下使人高尔吉亚化那样,拉康也使人拉康化。[16]

注释

[1]Jacques Lacan,« Problèmes cruciaux de la psychanalyse »,*Séminaire* XII (1964-1965).

[2]Jacques Lacan,« Mon enseignement,sa nature et ses fins »[1968],in *Mon Enseignement*,Paris,Seuil,2005.

[3]« Remarques sur la fonction du langage dans la découverte freudienne »[1956],*Problèmes de linguistique générale*,*op. cit.*,p.77.

[4]Jacques Lacan,*Le savoir du psychanalyste*,1er juin 1972(着重号为引文作者所加);*Cf.* …*ou pire*[15 déc.1971],*op. cit.*,p.29.

[5]J. Lacan,*Encore*,Seuil,1975,p.79.

[6]J. Lacan,*Encore*,*op. cit.*,p.25.

[7]J. Lacan,« La troisième »,*op. cit.*,p.12.

[8]J. Lacan,*Encore*,*op. cit.*,p.96.

[9]J. Lacan，*Encore*，*op. cit.*，p. 108，puis p. 107.

[10]Gorgias，*Traité du non-être*(Sextus，Ⅶ，85＝82 B 3 DK).

[11]J. Lacan，« La troisième »，*op. cit.*，p. 15.

[12]J. Lacan，*Encore*，*op. cit.*，p. 43，puis 96 et 97.

[13]*Ibid.*，p. 107.

[14]*Ibid.*，p. 31，puis p. 34.

[15]J. Lacan，« La troisième »，*op. cit.*，p. 14.

[16]Philostrate，*Epistulae* 73（＝82 À 35 DK）.

8

D
e
n

　　《健忘者说》是一个关于语言的文本，甚至是一个关于超语言和准语言的文本。在我看来，它是最有可能逃脱亚里士多德主义的文本，准确来说，并不是说它是反亚里士多德主义，而是说它是积极的疏亚里士多德主义（ab-aristotélicien）。

　　《健忘者说》的结论指向了德谟克利特，它以"关于无的玩笑"（joke sur le *mēden*）①最终逃脱了亚里士多德主义。因为德谟克利特是第一位，也是古希腊唯一一位（我是否可以说：在拉康以前的第一位?），不仅书写能指，而且书写否定的能指的学者，就和拉康在《健忘者说》中所做的一样。

　　　　当我用 *rie*（笑）这个词的时候，我重新开了一个和德谟克利特关于无（*mēden*）这个词一样的玩笑：就像从 *mēden* 这个代表"无"的否定词上去掉依依不舍的 *mē* 一样，*rie* 也想夺回失去的 n。②

　　　　德谟克利特将"原子"（atomos）送给了我们，从本质性的实在出发，到省略"不"这层意思——*mē*。这一切都在虚拟态

---

　　①　德谟克利特关于无的玩笑，具体解释详见表 8-1。——译者注
　　②　Rien 在法语中的意思是"无"，去掉了 n 以后的 rie 是 rire（笑）这个动词的一种变位形式。具体解释参见本文的"笑和无"一节。——译者注

之中，这一语态让我们深思熟虑。这就表明为什么 den 这个词是一位偷渡客，它的隐蔽性如今成为我们的宿命。

德谟克利特在这一点上，并不比我或者马克思这样的任何一个明智之人更唯物主义。而弗洛伊德呢，我不做评价：掌握了令人迷醉的语词种子的人，势必能够在自己的脑中培养出一整片让犹太教神秘哲学生根发芽的土壤。[1]

说 den 是一位偷渡客，是因为亚里士多德迫于哲学和古代经典学说的阻碍，禁止了它的出现。这些桎梏通过对德谟克利特的工作进行一次彻底的翻译①来曲解 den，并将德谟克利特的工作变成了物理、意义和真理的附属品。通过这个过程，den 这个词的怪异性最终被成功地转换成原子的概念(怪异性体现在 den 这个古希腊词本身在古希腊语中就是不存在的)，den 与"空"是不同的。此外，他们还将 den 与 mēden 之间的指意关系自然化，并给它安上了心理本体论的名字，用原子来命名存在者，用无来命名空间。Den 和 mēden，原子和空，数目无限、不可分割的微粒，存在于无限大的空间之中：快走，这里什么也没有，本体论毫发无损，我们可以更新科学了。

拉康揭穿了这个骗人的把戏，他通过 den 这个能指所表现出的征象，准确地理解了笑和无之间的混淆关系，称 den 是能指，并不是因为它像阳具(phallus)②一样将以上这两者都赋予价值，而是说它是能指的模范或范例(若我们把"是"③划去，其实这点将

① "翻译"在拉丁语中与"背叛"是同一词根。——译者注
② "阳具"是拉康重要的精神分析学概念，可以被理解为"纯能指""关于缺失的能指"。——译者注
③ 这里指的是前句中加着重号的"是"。——译者注

永远是正确的)。在此情况下,需要插一句:根据我的推测,当一个哲学史家读拉康之时,他势必会被激怒,因为他会发现自己所熟知,并且怀着敬意之心小心翼翼研究的东西,遭到了如此放肆随便的处理。但之后,当他确确实实地了解了自己的研究材料,或者我们说,当他放开手脚去做的时候,拉康式的箭就会射向他,在他身上交织,而它们的射程超过了"机遇"对于"解读"所规定的距离。以至于最后两种解读的意义,历史的/历史本质的阐释学和分析解读法,成了一对暧昧的情侣。

8.1 笑和无

笑和无。我们先来说笑。伊波利特(Hippolyte)说道:"德谟克利特笑话一切事物。"他总是笑(*egela panta*)[2]:笑是精神分析式解读的好盟友。德谟克利特是一个挂着笑容的哲学家,与我们平时印象中的那个因流逝的光阴和消失的人而流泪的赫拉克利特不同。在好的教科书中,我们把这种笑归结为一种带有禅意的唯物主义——除了原子之外都是空,没必要为此担忧;我们还把这种学说倚靠在古代圣贤的道德满足之上,皮埃尔·阿多(Pierre Hadot)和米歇尔·福柯都给这种道德满足戴上了桂冠,它表现为一种因为自给自足、逃离人世间困扰而产生的喜悦,并且用那些打蔫儿的道德格言来猛烈抨击自己的同僚(这些德谟克利特式的格言,数目众多,当然也需要解读,重新发明"约定的习俗",正如德谟克利特要求人们重新发明黑和白,以及所有感性品质一样)。让我们来仔细看看荷兰人给德谟克利特画的那些滑稽的肖像画。特尔·布吕根(Ter Brugghen)作品中的他戴着顶扁帽,翘着根食指;约翰·莫勒尔斯(Johan Moreelse)画中的他翘起两指,如同牛角：很明显，他在做讪笑的姿态，讪笑那个他手指着的地球仪所代表的物理学，讪笑本体论。物理学和本体论被戴了绿帽子！莫里哀的《冒失鬼》如此结尾道："来啊，浩瀚而全能的宇宙，请赐予我们子嗣，让我们为其父！"但愿画布上的油彩能够提供给我们比几个世纪的油画评论更有洞察力的结论。

现在我们来看看无，以及它和笑之间的关系：*rie*。

与传统观念的认识不同，原子并非是不可再分的，对再小的原子来说都是这样：原子不是事物，也不是存在，而是"理念"和"纲要"。*Atomos idea*：原子是一个理念——"那些被他称为原子的东西，就是全部"[3]。德谟克利特不是"唯物主义者"；拉康认为他并不比弗洛伊德或者其他人更加唯物主义，在《健忘者说》、《再来一次》和《四个概念》(*Les quatre concepts*)等中，拉康时常将他与理想主义相挂钩。原子的概念从未停止过被歪曲为唯物主义和物理化，但 *den* 这个词创造了一个新的征象，强迫那些想理解它的人停下脚步、深思熟虑。这确实是一个代表了能指的能指。为什么呢？

德谟克利特造了一个他语言中不存在的词。他把一个词性完善的常用词 *mēden*(无)，切开为 *mēd'hen*(一个都没有)，为的是发明 *den* 这个词，意味着"比无更少"，这个从无上生拉硬切下来的一小块词，相当于给无做了次减法。为了能够好好理解这玩意儿是怎么造出来的，我们可以像拉康所说的那样，把 *rien*(意"无")这个词中的 n 删除，造出一个 *rie*；或者像德谟克利特那样切掉词首，把 r 去除，造出一个 *ien*。*Den* 这个词确实不是古希腊语，它既不在《贝利希腊语—法语词典》(*Dictionnaire Bailly*, *grec/français*)中，也不在收词更加完整的《利德尔·斯科特·琼斯希腊语—英语词典》(*Liddell Scott Jones*, *grec/anglais*)中，同样不存在于古希腊语的合部词汇表中。但它却被收录在一本优秀的词典之中，尚特兰的《希腊语词源大辞典》(*Dictionnaire étymologique de la langue grecque*)[4]，并且其出处可以被精确地找到：位于德谟克利特第 156 号片段中的原文。该词典用 *sōma*(躯体)来解释 *den*，用 *kenon*(空)来解释 *mēden*：*mē mallon to den ē to mēden einai*(并不比空更具有躯体)。尚特兰还解释道："这很显然或多或少是人为地从 *ouden* 这个词提取而来的一个术语。"并且，他用一种充满自信的否定做了总结："该词和现代希腊语中的 *den*(无)，毫无关系。"或多或少是人为的，应该是"或多"盖过"或少"。这个我们在语言词典上遍寻无踪的词，用拉康在《四个概念》[5]中的话来说，就是个"生造词"。德谟克利特式的技术术语就是一个古希腊语文字游戏。为了了解他造词的方法，我们需要以下这些工具：能指、书写、否定、语式、一，尤其是切割，错误的切割法。如果我必须要定义 *den* 这个词，让你们始终对它毫"无"了解，我会说它是在主观语式的否定性书写中，用一个特异性的切割制造出来的能指，以至于当我们说它们①中的一个的时候，其实谈论的是另外一个。

8.2 错误的分割，论"唯词主义"(motérialisme)

让我们来好好理解这个不存在的词，因为它不存在的方式相当特别。跟所有其他的符号一样，它也是"任意的"②，因为它的价值建立在差异之上。与它相异的存在是另一个否定术语，可以

---

① "它们"是指被特异性切割后变成两半的能指，即 *mēd'hen* 不按照正常切割法成为 *mēde* 和 *hen*，而是被错误地切割为 *mē* 和 *den*。——译者注

② 此处是指索绪尔笔下的符号任意性。——译者注

由两种形式出现：*ouden* 或者 *mēden*。它们既可以是两个形容词（均可译为"没有一个"），也可以是两个代词（"没有人""没有东西"），并且在中性宾格下，也可以是两个副词（"毫无""完全不是"）。这个词的两种形式在古希腊语中特别有特色：古希腊语确实有两种否定的形式，一种我们称之为事实否定，或者说客观性否定，由 *ou* 来表示；另一种是语式否定，表示不可能或者禁止，我们称之为禁止性否定和主观性否定，由 *mē* 来表示。第二种否定在使用过程中，一般用于直陈式以外的语态，可以用在主句中也可以用在分句中，用于表示命令、通知、意愿和遗憾，表示对可能性和潜在性的拒绝或担忧。*Mēden* 和 *mē on* 一样，是指一种不能也不应该存在的东西，不能在某个地方以某种形式出现，它或许表示虚无（néant）。相反地，*ouden* 类似于 *ouk on*，只是简单表示某件不存在的东西，它不在那里，也不以这种形式出现，但它有可能存在或者有可能已经存在过了，比如说死亡，它或许表示无（rien）。那么与 *den* 相对应的应该是 *ouden*〔根据辛普利丘（Simplicius）对德谟克利特学说的整理〕，但以更坚定和更意志论的方式来看，*den* 是与 *mēden* 相对应的〔根据普鲁塔克（Plutarque）和盖伦对德谟克利特学说的整理〕。无论在以上哪种情况之中，这个否定词的构成都显而易见：它从 *hen*"一"这个词而来，是中性数量形容词，前方配了一个否定的词缀。但这并不是一个简单的否定（*ou* 或者 *mē*："不""不是"），而是复合否定中最简单的一个，复合的对象是古希腊语中最常见但也是最没有指意性质的词缀：*de*（*ou-de*，*mē-de*，表示"甚至没有"，就像拉丁语中的 *ne quidem*，或者说当它们叠用之时，表示"既不……也不……"）。因为，我们应该这样看待 *ouden* 和 *mēden*：*oude hen*，表示"连一个都没有"；*mēde hen*，表示"甚至是连一个都没有"。从"*oude hen*和 *mēde hen*"到"*ouden* 和 *mēden*"的推论是确切的：拥有古希腊语的传统，符合词源学的标准。

问题在于，以这条线路来推论的话，我们是无法与 *den* 这个词相遇的；我甚至要说：如果我们依循语言这条线索，不可能与 *den* 相遇（如果要我把前面这句话用古希腊语说，我的否定前缀会用 *mē* 而不是 *ou*！）。*Den* 是一种错误分割的产物，与词语原先规定好的词源学特性脱轨：它是一个符号化的能指，是一个自由意愿的制造产物，是一种偏离的标志。

表 8-1　*Den*，能指的能指

肯定	客观性否定	主观性否定、禁止性否定	指意性的发明
hen （词根）	*ouden=oud'hen* （词源学）	*mēden=mēd'hen* （词源学）	*mē/den*→*den* （错误的分割）
"—"	"无"=连一个 都没有	"无"=除"有" 以外的全部	比无更少，"*iun*"

我补充一句，以上这些我们不能将之理解成其他的东西，而只能将之看作一种暴力，我斗胆说，是一种所有古希腊人实行的可感知的暴力。它否定在所有语言中都带有的那些从本体论上继承下来的东西。比起希腊语，我们能够从现在的法语中更清晰地观察到这一点。因为，说"没有人"（personne），首先要有一个人（personne）①，*persona*，在古拉丁语中表示的是演员的面具，而

① 法语词 personne 在做否定词时表示"没有人"，用法是 ne…personne，而作为普通名词时，就是指一个人，如 une personne。——译者注

演员很显然并不是一个无关紧要的实体；"无"(rien)，首先要是 *rem*，在拉丁语的宾格下，表示一件东西，而古法语中的"一件东西"(*une rien*)最终逐渐被"没有"(*un rien*)取代消除：《法语史词典》(*Dictionnaire historique de la langue française*)中确切地写道，"该词展现了'东西'这个词的词源学意义被颠覆到'虚无'的演化概要"[6]。对于西班牙语中的 *nada* 一词，也是同样的道理，*nada* 来源于拉丁语[*res*]*nata*(*nasci* 的过去分词，表示"出生")："无"，也就是说"一个新生"。但如果不是肯定实体直接改变了意义，语言的差异性和创造性就被联系在了被否定部分的选择上："我什么都不相信"，"我什么都没看见"，"我什么都没听见"，"我什么都不懂"。*Mēden*，*metis*，不表示"一"，不是任何一个谁；*nihil*，表示"没有一点"(*hilum*，蚕豆上端的一个小黑点)(如果那些词典知道它们自己在说些什么)；*nemo*，表示"没有一个人"；*nothing* 和 *nobody*，表示"没有一个东西，没有一个躯体"；*nichts*，从神话传说角度说，是指没有一个 *Wiht*(小精灵)，从逻各斯角度说，表示没有一个 *Wicht*(指 *Wesen*，本质)。

正是这样一种普遍的语言秩序，一种意义的顺序，才把否定变成了一种针对肯定实体的否定[所有的确定都是否定(*omnis determinatio est negatio*)，因此也获得了更深一层的含义]，也正是这种秩序才让 *den* 与其他一切分离开来，脱颖而出。通过将否定的最后一个字母和被否定的肯定词以不同寻常的方式结合起来，德谟克利特迫使我们理解，原子非但不是一种肯定或者立场，不是存在或者一，而且它也不是存在或者一的否定，它没有"虚无"或者"无"的可靠性："或许是'无'？不是'或许是无'，而是'不是无'。"

（Rien, peut-être? non pas-peut-être rien, mais pas rien.）①[7] 原子就字面意思来说是比无更少，因此我提议称它为 *ien*，因为它更接近 *iun* 的词源学构造。*Den* 和 *iun* 于是就成了原子的名字，我们既不能把它与本体论上的存在相混淆，也不能把它看作物理学上的一种微粒。这确实是一个语言游戏，但不失趣味。为的是向我们展示，原子在成为实体之前，首先是一个能指，物理学在把自己建立在物质的研究上之前，首先是建立在语言，甚至是书写、书写游戏之上。德谟克利特"笑话一切"，因为"唯物主义"在严格意义上来说，就是一种"唯词主义"。

注释

［1］J. Lacan, « L'Étourdit », *op. cit.* , p. 50-51.

［2］Aristote, *Réfutations sophistiques* , 1, 13＝65 A 40 DK, t. Ⅱ, p. 94.

［3］68 A 57 DK, Plutarque, *Adversus Colotem* , 8, p. 110f.

［4］Pierre Chantraine, *Dictionnaire étymologique de la langue grecque*：histoire *des mots* , Paris, Klincksieck, 1968-1980, rééd. en un volume en 2009.

［5］J. Lacan, *Les quatre concepts fondamentaux de la psychanalyse* [1964], Paris, Seuil, 1973, p. 62.

［6］*Dictionnaire historique de la langue française* , dir. Alain Rey, Paris, Le Robert, 1993, vol. Ⅱ, p. 1808.

［7］J. Lacan, *Les quatre concepts fondamentaux de la psychanalyse* [1964], *op. cit.* , p. 61-62.

---

① 拉康的这句话就是上文提到的直接否定实体的例子，这里不是否定"或许"，而是直接否定"无"本身。——译者注

9

羊鹿：论文学

　　亚里士多德在《形而上学》的《伽马篇》中展开的矛盾律，其核心是意义的决定，这个问题产生了双重后果。第一重，也是最本质性的问题，就是要从群体中排除那些——我引用《伽马篇》第 5 卷中的一个说法——"为了乐趣而说话的人"，也就是那些认为说话不一定要意味着什么的人：那些不受"意义的决定"这个问题影响的智术师，并不能被称为人。显然，这种排外的行为一定会卷土重来，被压抑的一定会找机会释放，这种回归会以比智术师更现代的形式出现：比如，精神分析学，它企图探讨无意义，并赋予无意义以意义，就像弗洛伊德有关无意识的猜想，猜想它是"意义和协调性的增益"；抑或就像拉康以非亚里士多德主义的方法，更激进地探索"在意义的所有用途中无意义的领地"。[1]

　　但还有第二重后果，它显然更微妙，它和亚里士多德描述的意义拓扑学一脉相承。说话，就是言说存在：这是巴门尼德的论点，也是[再次引用这句，"该做的更改已完成"（mutatis mutandis）]亚里士多德式语言的普通制度。普通的意义在于，当我们说话时，词语的意思表达了事物的本质。这种情况对于所有存在的事物来说都是正确的：实体(étant)①的本质就是它所对应的词语的意思——如果"人"意味着"两足动物"，那么只要人存在，人就是两足动物。这也就表明为什么，直到海德格尔为止，总有一种本体论层面上的必要性，要驱逐那些"多话者"(bavards)[2]。如今，面对智术的问题，亚里士多德式的回答打开了一个根本性的新可能性：我们并不需要谈论存在的东西来指意，我们还可以谈论"羊鹿"(这是《解释篇》中的一个重要例子)。这并不会危害本体论：我们可以说出"不存在"，因为我们可以"说"不存在，因为根据这种充满可能性的语言，指意可以脱离参照物。这就表明为什么真值(les valeurs de vérité)②的问题也只不过是 *sun* 的问题，句法/综合，在一个似是而非的主语和一个似是而非的谓语之间("说存在者不存在或不存在者存在的人为假；另一方面，说存在者存在和不存在者不存在的人为真"[3])。于是，我们也就能够通过谈论不存在的东西来说出真理了("羊鹿不是奶牛"这一说法是正确的)；这些东西，在我们谈论它们之时，仍然是不存在的：亚里士多德式的语义学产生了几个平行世界，在这些世界里，被认为是真的句子给那些不存在的事物分配了不存在的谓语——并不是柏拉图意义上的假，而是说它不是真的。从被亚里士多德稳固了的本体论中，也许可以产生一个逻各斯论的假定(assomption)：谈论那些既不是也不存在的东西，或者用亚里士多德的术

———————————

① Étant 一般翻译为"存在"或"是"，法语中的 être 一词也被译为"存在"或"是"。此处的 étant 根据作者本人的解释，结合上下文，应该取 entité 这个释义，翻译为"实体"。Étant 与 être 这两个词的关系是：étant 产生于 être。具体论述请参考海德格尔关于"存在"的相关著作。——译者注

② 这里指的是逻辑学意义上的真值。在逻辑学中，真值，又称逻辑值，它指示一个陈述在什么程度上是真的。——译者注

语说，那些既没有本质也没有确定性的东西，抛开物理和现象上的所指对象，我们其实也就打开了单单推动意义本身的可能性。就像巴门尼德的本体论早已经成为智术的逻各斯论一样，在亚里士多德的理论之中，智术的逻各斯论也被安排在了一个全新的位置上：文学，它是最适合将"说话"（*legein ti*）阐释为"指意"（*semainein ti*）的极端情况。

修辞学早已选择了"向谁说"而不是"说什么"，紧接着它之后，一个完全不同的学派在可理解性这方面盖过了它，那就是第二代智术，又是古希腊的产物，但在小说诞生之初，它就已被赋予了拉丁的特性。仔细想来，小说是对这个哲学禁忌①的一个完全原创的应答。因为小说意识到自己是一个假象（*pseudos*）且将自己作为假象呈现出来。小说作为一种话语，它舍弃所有本体论上的一致性，拥有属于自己的造物主式的发展线路：说话，不是为了指意，而是为了确确实实地追求说话的愉悦性，并由此产生一个效应世界，一个小说式的"虚构"。而当小说这种体裁的风靡度与荷马式诗歌的基本传统交织在一起时，它最终在一种政治共识之上构建了一个文化的化身（avatar），这一化身凭借着罗马治世（*pax romana*）②，一直传播蔓延至天际：迪翁（Dion）说，不是所有人看到的都是同一片天，但就连印度人都听说过荷马[《论荷马》（*Sur Homère*），第 53 论，7-8]。

真理的范式也发生了转变。智术不再与哲学意义上的真实性

① 此处的哲学禁忌是指智术。——译者注

② 公元前 27 年元首制度建立之后，一直到公元 2 世纪，罗马帝国再没有陷入长时间内战，境内相对安宁。世人称此时段为"罗马治世"。——译者注

较量，而是与历史事实的精确性较量。如今，对智术和文学（也就是智术的亲戚）发难，指责它们仅仅是一些假象的人，是历史学家。吕西安(Lucien)的《如何著史》(*Comment écrire l'histoire*)见证了这一冲突：历史学家和诗人完全是相反的，前者的判断必须"像一面明镜一样，轴向稳定且毫无瑕疵"，而后者，不同于修昔底德(Thucydide)，却可以"寥寥数笔就颠倒埃彼波勒要塞(forteresse des Epipoles)的实际情况"。历史学家的定义就是非小说家。然而，吕西安正是用智术的方法书写了智术本身。他在《真正的历史》(*L'histoire véritable*)中的讽刺，最终使他作法自毙："我决定要撒谎，但比起别人来，我的谎言更真诚，因为至少在这一点上我说了真话，那就是承认我自己在撒谎。"在这个撒谎者悖论的笼罩下，"真正的"历史把编年史作者所写的历史，以及对历史事件的忠实记述，与无可比拟的创造性力量对立了起来。

第一代智术，相对于哲学而言，偏爱一种与实体或实体的存在(l'être de l'étant)相一致的话语，一种创造共识的话语。正是这个从一致性到政治和文化共识的转移，才引起了以下这个对立关系的转变：如今与第二代智术相对的不是哲学，而是历史。我们于是从本体论转到了人文科学的领域，从智术转到了文学的领域。

注释

[1]J. Lacan, *La Relation d'objet*，Seuil，1994，p. 294.

[2] *Nietzsche*，trad. Klossowski，Paris，Gallimard，1971，Ⅰ，p. 468. **主要参考其中海德格尔对《伽马篇》的评注。**

[3]Aristote，*Métaphysique*，Gamma 7，1011b 26s.

10

誊抄者

幻想的现代形式就是博学。

——博尔赫斯

在圆拱形的穹顶之下，空无一物的大厅宛如一间禁室，阳光隔着窗户的中梃洒进来，让人想起《玫瑰的故事》(*Roman de la Rose*)中的经文誊抄室。时时刻刻的孤独充满着整个空间，但或许孤独只有一种时刻，这种孤独和寂静对于这间大厅来说，是符合它所被赋予的功能的。我坐在这间大厅中，在属于我的位子上，或者说，我的身体坐在属于它的位子上，就如同埃塞俄比亚那些有时成对出现的小雕像，它们带着内瓦尔式的微笑(sourire nerva-lien)，盘腿席地而坐，用腿代替缺失的椅子。其实我并没有坐得那么自在，我就像书桌上那盏弯着腰照亮纸张的台灯那样，弯着身体，目视下方。"专注的弓"一词定义了誊抄者所必须承受的不舒适坐姿的极限，他们既要弯着腰向下倒，又要保持背部的紧张，尤其是在没有读经台的情况下，他们只能利用自己的身体。简单来说，当我保持弯腰弓背这个姿势时，我可以在时空中自如地做我应该要做的事情，我一遍遍地誊抄着经文，我也或多或少地知道自己在做什么事情：改造我自身。

我通过外界慢慢开始看到我自己，由外到内，又由内到外，思考我是如何在悬若长河的经文中成为一个誊抄者的。我感到一种与恐惧和战栗无关的焦虑，一种被紧迫感所逼的令人激动的焦虑，就好像一辆漂亮的卡车①，将你逼入车库的尽头，最终在你无路可逃之时要将你碾压。这种焦虑状态（病态、姿势、座位），既是逐渐加强的，又具有永恒存在的特性。我知道我的任务，我不断移动我的眼睛，我从头到脚都属于这个任务。任务、责任、专业、职业，简单来说，就是全部的我，这就是我想说的。我面前摆着两个卷轴，一卷早已被写好，另一卷是空白的。它们分别被放在我的两手之下。必须（我必须，我应该要，法语表示义务的说法是多么怪异却灵活啊），那么我的任务就是将已经写好的那一卷誊抄到空白的卷轴上。唯一真正重要的事情，是不要犯错误。不犯错误，完全正确，毫无瑕疵，对我来说是非常重要的，或者说是决定性的和生死攸关的。准确地说，这才是我的任务。

你们应该知道，像我这样的誊抄者，在没有眼镜的辅助下，熬坏了眼睛，经常无法分辨微弱的日光和摇曳的烛光之间的区别，他们像苦工一样一本接着一本地誊抄，废寝忘食。由于他们只有片面的和糟糕的知识，他们根本读不懂这些杂乱无章的哲学化的文本，更糟的是，当他们自认为读懂了这些文本时，他们往往会过快地解读，并且在文本上行添油加醋之事。这些誊抄本的介质往往是没有好好鞣制过的皮革，甚至皮革上还会出现漏洞和凝块。它们上面的文字也书写潦草，连体字更是无法辨认，并夹

---

① Le camion beau comme un camion 出自一个口语化的法语俗语 Beau comme un camion，后者的意思是"像卡车一样美"。这是法语中的一种反语，因为在常识中，很少有人会觉得卡车美。因此说"像卡车一样美"，其实是通过讽刺和反语的手段，加强了美的程度。——译者注

杂着誊抄者发明的缩写符号，字母不是太过分散就是蜷缩在一起。

但这都不是问题，问题是：必须完完整整地誊抄手头的卷宗，没有讨价还价的余地，这才是重点。

和所有人一样，我也会干誊抄的事情，但由于不犯错是终极目标，因此我还需要时常检查。唯一可行的检查方法就是逐词逐句地细读，白纸黑字，检查每一个字母，因为书写符号的意义一方面在于符合规定的誊抄，另一方面在于笔下的谨慎。但是原先已经写成的书籍（或许那是不借助手写，而是被印刷出来的），都会在被我誊抄到白纸上时，随着时间慢慢被擦除。当我在白纸上复刻笔迹之时，原文的笔迹就会消失。最后只剩下我毫无根据、不合规定的手抄产物，以及对手抄文本无底洞般地不停审查。

与其他问题相比，誊抄者的焦虑在于：唯一要保证的就是两个文本间的同一性，但要确保两次得出同样的结果，也就意味着要违反不可分辨事物的同一性原则（principe des indiscernables）①。看看是怎么回事。首先，踪迹和意义之间有黏附力，物体和形式，以及身体和思想不能被分离。如果你们同意我这么说：这是存在和思想之间同一性的单纯而简单的后果。再次产出这些文字是不可能的，对原文本的忠实也是无法实现的，说尽原文本的全部意义更不现实[本体（论），现象（学）]，对于确定性的根本性审查也不可能。这个焦虑的噩梦是语文学和哲学教育的双重束缚：产出必须具有一致性，否则它的可能性就只能建立在差异之上；它的可能性本身就是错误、缺失、绕圈子、不足，最终，必须承

---

① 这是指的是莱布尼茨的不可分辨事物的同一性原则。——译者注

认，还有讽刺和过失，等等。

因此，请不要用这些要求来规定我。请要求我记住我的眼睛在何处看到过"马里尼亚诺战役"（Marignan 1515）、"布拉格抛窗事件"（la défénestration de Prague）这些词，抑或是应该要求我将这些不能被磨灭的记忆，这些直载了当、亘古不变、难以泯灭的记忆用到会考中去；请让我尝试所有错误的思路，好让我知道我最后尝试的那条是正确的，也允许我通过大量的错误来完成这一枯燥的迂回过程。让我禀着执念，强迫症般地走一圈弯路，之后才把这个执念抛之脑后。我们一起举杯庆贺这最迷人的时刻吧：在由一所高中改制考点，其臭气熏天的考场走廊里回荡着一个婴儿的啼哭声，渐行渐近；那臭味简直令人作呕，混合着脂粉气，这是那些年老的孩子被焦虑折磨后散发的汗味。我几个月前诞育的这个婴儿，挨着饿从他父亲的怀里来到我身边，我的乳汁听到了他的呼喊，我的乳房膨胀起来，乳汁透过胸罩和上衣流淌下来，一滴滴弄混了整张纸，一行行渗入了纸张之中；我听到了他们的叫声，虽然我还来不及透过考场门上的玻璃看到他们，我下意识地站了起来，迅速离开了那里。我们三人一起找到了一间空的教室。它就像一个老火车站一样让人感到温馨，椅子杂乱地放在一边，墙上挂着一块黑板。我坐在讲台前，一只脚搁在第一排的座位上，准备哺乳。教务处处长兼会考的考场管理员发着愣，看着我的乳房和整个场景。当我看到他这位莫里哀式的先生时，他面对沉浸在无边快乐中的我们，非常得体地没有说出一句话，这一切让我感受到几乎无法承受的愉悦。我回到了考场，再次嗅了嗅我眼前那份浸润着乳汁的沉重考卷，我决定提早交卷，这样我就可以提前两个小时离开。教务处处长盯着我看，从他的眼神

中，我推测他一定看过其他女人的乳房，并且他应该有几个孩子
了(我推测他有个女儿，被会考折腾死的)，他拿着我的考卷，告
诉我他理解我的辛苦，并且和我说：女士，您明年一定得再来。
我感到自己获得了解脱，一方面来自那些乳汁，另一方面来自他
对我提出的这个邀请：我，现在似乎可以完全确定，可以走了。

　　第二个梦稍晚些时候出现，它是针对誊抄者那个梦境的确切
疗伤药。我的身体在一种轻快的幸福之中慢慢浮现，就像我们沐
浴时那样，或者说，在梦中沐浴时那样。我枕着河水，任由它带
着我漂流，伸展四肢却不游泳，就如一个古希腊人或古罗马人进
餐时的姿势一样。沿流的风光缓缓呈现在我的眼前，就像一幅尼
罗河风光巨型长壁画，天空是苍白色的，白鹭歌唱，芦苇摇曳，
河岸清明。我早已魂不附体了。在这幽缓而美妙的水流里，唯一
存在的东西，我想说：是实体，是实体的稳定，我有意识想知道
的，仅仅是这条河流的名字。就好像西伯利亚的爱河那样，这条
睡眠里的河流，应该是倾听吧。倾听，这条睡眠之流，承载着
我。接着，继续顺着缓缓流动的河水，我被安然无恙、毫无警觉
地推送到了岸上。当我醒来之时，正是我被送上河岸之时：在那
时，我确实醒了。

11

身为语文学家

　　2007 年，苏菲·卡勒(Sophie Calle)收到了一封她不知该如何回复的绝交信。这封信的结尾写道："请好自珍重。"我是第 107 位受她之邀，从专业角度分析这封信的女性之一。为的是好好"珍重"她。我选择以语文学家的角度来分析这封信。所有的分析都在 2007 年的威尼斯双年展上展出。

　　以下就是这封信的内容。

　　苏菲：

　　　　我踌躇已久，想给您写信，也是为了回复您的上一封邮件。与此同时，我觉得或许当面和您聊聊，告诉您我想和您说的话会更好。就像您看到的那样，最近我过得很不好。就好像我找不到自己的存在了。我陷入了深深的焦虑之中，并且对这种焦虑感到手足无措，或者说我唯一在做的，就是像往常那样赶在焦虑之前，企图阻止它的到来。在我们邂逅之初，您跟我约法三章，第一条就是：不成为我的"第四任"。我一直遵守着这条约定：几个月来，我都没有再去见"其他人"，也找不到在见她们的同时不把你归入她们之流的办法。我自认为这就足够了，也认为爱您和您的爱能够平息我的焦虑。正是这种焦虑总是推着我去见其他人，它阻止我获得永

久的内心安宁，或许也让我永远都无法获得简单的幸福和
"慷慨"。我曾以为认识您之后，这种焦虑将被平息，也企图
相信，您给我的爱对我来说是最有利的，您知道，我一直将
您视作此生挚爱。我曾以为书写是一种慰藉，我的"不安分"
或许能够在书写中与您相遇而得到消解。但事实并非如此。
结果反而变得更糟，我甚至无法告诉您我现在处于何种状
态。于是，就在这周，我开始约其他人了。我很清楚这对我
来说意味着什么，也知道它将带我进入何种循环之中。您和
我的约法三章中还有一条说道：当我们不再是情人的时候，
您无法接受再见到我。您不知道，这项桎梏对我来说是多么
的灾难性，多么的不公正（因为您自己总是暗地里私下见 B.
先生、R. 先生），但同时我也理解您的用意（很显然）；因
此，我或许永远也无法成为您的朋友。但今天，您可以自己
掂量我这个决定的重要性，因为它是我完全按照您给我定的
规章而做出的。与此同时，再也见不到您，再也无法与您说
话，再也无法与您专注的眼神相遇，再也无法体会一次您的
温柔，这些对我来说，都化作了无尽的相思。无论发生什么
事，请相信我，我永远不会停止爱您，以我自己的方式。自
我第一次与您邂逅起，这份爱就植根在我的心里，我知道，
它永不会灭。而今天再用勉强在一起来伪装我们如今的状况
已经是于事无补了，即使我们相爱着，但我们互相都知道目
前的状况已经无可救药了。然而这份爱仍要求我对您坦诚，
这种你我之间最后的束缚，在过去和将来都是唯一的。我曾
经希望事情不会发展到今天这个地步。请好自珍重。

接下来是我的"身为":

@@@@@@@@@@@@@@@@@@@@@@@@@@@@@@@@
@@@@@@@@@@@@@@@@@@@@c@r。这是一封许久前由
苏菲的一位情人寄给她的邮件。一封"绝交"信。我给"绝交"打上
引号,因为这是苏菲的原话。这并不意味着我相信她的话[真是
封邮件?分手信?X 写的?——但谁又能给苏菲写一封分手信
呢?B. 先生、R. 先生是谁?是贝尔纳(Bernard)、贝特朗(Ber-
trand)、巴西勒(Basile)?是勒内(René)、罗贝尔(Robert)、雷吉
斯(Régis)?是不是像索莱尔斯(Sollers)那样,用这些划掉全名的
代号来引起一种对秘密的诱人兴趣?],但简单来说,我还是接受
了她给我的这个阐释学情境。阐释学情境,也就是游戏规则,她
为自己的游戏定下的规则。

对她来说,这种游戏再寻常不过了,每次都上演着不尽相同
但又大同小异的戏码:首先在一个系列中展示一个独特的对象,
往往是带有色情和社交性质的对象;接着有意无意地谈论起它,
往往用一种穷尽法来研究这个对象(将它展开、耗竭、收编,最
后宣泄)。根据其他人的方法将这个对象放入她的系列之中,其
他人的分析也因为你们的身份同一性(你们是针对苏菲被抛弃的
这种方法而做出反应的所有女性)和各自的辨识度(你们,作
为……:对我来说,芭芭拉,是因为我语文学家的独特身份)而
被收录到苏菲的系列中去。你们想就此听从苏菲的指挥摆布吗?
想不想?

我是想的。因为这里面有火药味。主体和对象、私人和公
共、真和假、同和异、爱情和谎话、堕落和健康,这些都是充满
火药味的区别。这是个自异的传记,我们从四面八方出发,走向

一个无法辨别的(分析)目标,只在现场留下永恒、美、精神分析、我、我和我。

还因为我想要语文学家这个身份,这是我的规则。作为语文学家(阴性用法,我相信很快就会普遍),根据我的职业关注点,我简单从"引号"出发。引号因它的发明者纪尧姆(Guillaume)而得名,第一次出现是在 1527 年。[①]

"绝交",她这么说道,并把它定性为这场游戏的第一枪,而在我看来,这只不过是健忘的生活中,该被扔进阴沟里的东西。当我给"绝交"这个词打上引号的时候,我强调的是我要保持距离,在"她"的游戏里,用她的规则来玩这场游戏。注意了,我这么做是模仿这个抛弃者:仔细看一看、读一读,他首先就在信中运用了引号。他的引号和我一样,见证了他的服从和置身事外。但我想做的,是通过引号,来揭开这封分手信的书写方法,探探它的究竟。在小小的引号里折射出巨大的乾坤:这就是语文学家的根本——莱布尼茨式的根本,它建立在理性之上,避免走出理性的范畴。他想要的,就是离开你。

于是,这位写信的抛弃者(这是一位不轻言放弃的作家),就是这么在他的信里精雕细琢这些引号的:成双成对。

(1)他用引号来引用苏菲自己的话,深思熟虑,旨在让苏菲自食恶果:什么"第四任""其他人",都是你说的。

这些都是你说的,都是你想要的结果。你想要我们根据这些规则来游戏,是你定的规则。不好意思,是"您"的规则,您仔细

---

①　法语中"引号"一词为 guillemet,得名于其发明者 Guillaume。——译者注

看看我对您和您的规则是多么的信赖，多好地履行着它们。虽然情人间的刺激常常伴随着堕落，但我仍恰当地保持着两个自立个体间合乎规定的距离。呵！是"您"的这些规则定义了"我们"的故事。一共存在着两条规则[因为这就是您的 *es gibt*(存在着)原先带出来的东西]。

第一条，规定"她"(相对于"您")，她不被归入我的那系列(情人)之中。

> 这是条排除"她"的规定。这司空见惯：我要是您唯一的女人。除了我苏菲之外，不能有其他女人。

第二条(我引用这位抛弃者的话说，"您还有另外一条规定呢")：情人和朋友之间不能有交点。非此即彼。宁缺毋滥。

> 这是一条排除"我们"的规定。如果做情人，就做不了朋友。无论如何，在我们的情况下，只要是情人关系，以后就永远不能做朋友。而且很有可能当我们是情人的时候，也不是朋友。这再一次强调了"您"：虽然"我们"很显然属于同一类人，我们还是要以"您"相称，因为我跟您可不熟，将来也不会熟起来，我们是不会成为朋友的。我们，我们如今分享了全部，因此，一旦关系破裂，我们就什么都不是。

须注意，与第一条规则组合运用之后，第二条规则制造了不对称性："您对我的温柔"，是在我之下的超我①，我获得这份温柔的可能性只能建立在您是我唯一的情人这一点上。这简直太不公平了，一切都取决于您，就像我和其他人该保持什么关系(我爱她们，爱她们所有人)，或者是您和其他人的关系[您所有那些情人现在还都是您的朋友吧，存在(eran)只是爱(philein)的一个子集]。

　　拜您所赐，只有我，X，对您来说才有别于其他人。而对我来说，您和我的其他情人一样。我这么和您说吧，您就是我的其他情人中的一员。

或者我对您说得再严厉一些：您，您给我这，给我那，有用，有用，统统有用；而我呢，我只能以一种不同于您其他情人的方式，不对等地存在着。或许我压根就不能给您任何东西。所有将您作为例外对待的人都不能让您称心，对您也好，对我也好，这都没什么值得高兴的。我忍受着您，同时，您也忍受着我。

(2)无论如何，我离开您只是因为我顺从于您。

"今天"：您知道，请您知道，我也知道，您和我一样都知道。这个桎梏、我的决定、您的意愿，压迫着我，成为最后的束缚。

---

①　此处为文字游戏，原文 surmoi sous moi，拆分之后成为 sur moi sous moi，其字面意思为：在我之上，在我之下。实际意思是说：您的温柔将我包围。将 sur 和 moi 合并而形成的 surmoi，是弗洛伊德的重要心理学概念——超我，暗指信的主人在道德良心和自我理想的前提下陈述分手的理由。这个文字游戏还想要体现上文提到的不对称性，sur moi 与 sous moi 是对称短语，作者将 sur 和 moi 合写，打破了对称性。——译者注

这是您的灾难：抛弃者无可避免地通过三段论的形式得到了这个结论。

(3)显然，还要有个收拾残局的结语。

这个结语是抛弃者专属的，但既然这个抛弃者是位作家，这一特性就要被打上另一种引号，文化的引号。以"慷慨的"和"不安分"为例。

对于"慷慨的"，它带的引号是一种隐迹。因为这首先是她说给他听的一个词，用于描述他。但他给这个词加引号，是暗地里指桑骂槐，表示出顺从，实际却是满口胡言。这些引号确实也和笛卡尔的《论灵魂的激情》(*Passions de l'âme*)中的引号是一样的。我认为真正的慷慨，也就是让一个人能够在合法的情况下对自己做出最高评价的慷慨，对于他认识到自己身无一物，唯一拥有的就是对自己意愿的支配这一点来说，只是一个小的部分，也只是他认识到为什么他的善恶会被褒奖或惩罚的一小部分；真正的慷慨，是他自己感受到一种坚定而持久的行善决定，也就是说，这一部分使得他永远不缺乏动力去着手和践行自认为更好的事物；这个存在完全是顺着美德而走的。

很遗憾，您的爱没有让我高度评价我自己。但高估我也好，低估我也好，这些只能从我而来，从我的自由的支配和坚定的决心而来，从我这个被"不安分"禁锢的坚定的灵魂而来。

对于"不安分"，我们来看看佩索阿(Pessoa)。对于那些让我永不知疲倦的事情，我已经感到厌倦。喜悦对于我来说，就好像病痛般痛苦。我对于深沉的爱以及它的正确用法，都有着表面的和肤浅的理解。今天，我回首审视我曾经的生活，我感觉自己就像一只装在篮子里的动物，被从一个郊区的火车站运到了另外一个。我成了小说中的那种人物，我的生活被人检视着。苏菲，只有商业信件才指定收信者，其余的那些信件，至少对于一个高人一等的绅士来说，都是写给他自己看的。苏菲，你的性别拥有令人梦寐以求的形式，是一种不属于任何形式的性别。

毫无忠实度可言。这让我在哲学上成了个混蛋(我可不是个"慷慨者")，但如果要诗意一些来说，我是个有趣的混蛋，一个真诚的现代人，一个同一立场的不同声音。今天，我要离开您了，因为这就是我的存在和您的规则相遇之时，我该履行的义务。我的忠诚体现在别处(无论发生什么，请您相信，我将永远不会停止……)，我还没有混蛋到这种地步，所以您肯定会为我感到遗憾的。好好珍重您自己吧：永别了①，以牙还牙，我没有加引号，因为我认为我们应该处在同一文化波段之中，假如您不是那么女儿心肠，也就不会这么痛苦了！我们以后不要再说话了。若我真的想要这么做，若我真的爱您，我早就应该改写游戏规则了。

改写游戏规则(Changer les règles du jeu)

---

① 原文为拉丁语，表示"永别了"，因是外语词，照理应该加上引号，但下文解释了为何不加引号。——译者注

12

异教徒

信仰神明，让神明来指导自己的思想和生活，这在今天意味着什么呢？我们如今又怎样才能成为异教徒呢？此时此刻，这个问题只能引发一系列的对立关系：多神论和非一神论，异教徒和非天主教徒。虽然"信仰"和"神"这些词的意思一直是不确定的，也不拥有稳定的意义，但可以确定的是，当世界上相当一部分地区完全被框定在犹太一天主教的一神论传统中时，古希腊人，在他们那个时代，却是信仰着多位神明的。是否允许我大胆地用一些既不直接相关又不充分的知识，来阐明一条令人困惑的经验呢？

也许有人会反对我在上文提出的观点，告诉我柏拉图和亚里士多德有时也会说起那个唯一的上帝，确实，远不止一个译者曾经读到过这个大写的上帝。大写的上帝，那个神，一个神：我们被牵扯进了哲学和哲学史的领域，但我们很难同意这个词的单数用法，尤其是这个原本应该是复数词的词的单数用法。从某种角度来说，复数的神和单数大写的神，不光区分开了"公元前"和"公元后"这么简单，而且体现了诗歌与哲学、荷马与柏拉图之间的关系。这与异教徒有什么关系？此时此刻，我们必须换个角度看这个问题。我将要调动我所有的知识储备，倾尽全力，来记录和描绘我作为一个当代女性，时不时感受到的异教体验。

"我们不嫉妒神明，不为他们服务也不害怕他们。但当我们的生命垂危之际，我们却证实了他们多种多样的存在；当对神明的回忆终止之时，我们又会为曾经成为过他们充满坎坷经历的子民而为之动容。"勒内·沙尔的这句话被印在乔治·布拉克（Georges Braque）①的一幅插图下方，插图中是一只展翅的蓝鸟，形如脸庞，旁边是一块美妙的淡蓝色区域。沙尔这样描述了这幅插图："推动着云石的西西弗斯鸟。"生活总是围绕着一些关键句展开。沙尔的这句话就是我的关键句之一。它浮夸的文笔特别适合沙尔：米歇尔·德吉在《海德格尔在法国》（*Heidegger en France*）中戏称沙尔为"普罗旺斯的荷尔德林"（Hölderlin de la Provence），沙尔本人身材高大，嗓音洪亮。我还回忆得起他是如何接待我的："小姐，请遵循您的本能"，之后才说出这句话的后半句，"来选择您的座位"。或全或无，亦足亦缺，带着点中部的口音：带给人一种独特的受骗感（"欺骗的残忍礼遇"），为的是能够激发出多元（的选择），"明日自会从那里涌现出多样（的选择）"②。对于如今的异教徒来说：（就是要看到）我们所认为的单一的东西其实隐含着多元性，一种由古至今、从不停歇的多元性本身，它走向的，是一个"没有圣约书的未来"。

这与海德格尔以及他所提出的思想的经验和"存在"的体制形成了完美的区分对立："对于神明来说，我们来得太晚，而对于

---

①　乔治·布拉克是法国著名的画家和雕塑家。——译者注

②　勒内·沙尔是一位诗人，因而该句在原文中就带有极强的诗歌特性，与这个文本的严谨哲学文风显得格格不入。译者尊重作者的考虑，保留了这句突兀的翻译，其实芭芭拉·卡桑女士就是期待着这么一种文体的混淆，详见本书第2篇文章中的译者长注（第11～12页）。——译者注

存在来说，又太早了。"[海德格尔，《思想的经验》(*L'Expérience de la pensée*)]这段文字意料之中地作为题铭，于某个夏天出现在迈克尔·马歇尔(Michael Marshall)的《稻草人》(*Hommes de paille*)这部惊悚小说中——"非比寻常，令人悚然……这是一部真正的杰作"，斯蒂芬·金(Stephen King)的这句书评赫然出现在该书的腰封上。"太早"和"太晚"：于海德格尔而言，我们就只剩下不停地失足错过，因为我们和时间不可抵抗地错位了。哎呀，是错位，而不是不凑巧。

很显然，一切都取决于"我们"是谁，沙尔说的"我们"，海德格尔说的"我们"。分割诗歌和哲学两座高峰的，是浩瀚的苍穹？或者，就像沙尔对海德格尔说的那样，这两者的关系就如住在地牢尽头，两间不毗邻的牢房中的囚犯一样，轻声细语地通过墙壁上凿出的小孔来传递信息。到底是一个大孔，还是多个小孔？

作为最后一个活着的男人(或更糟一点：最后一个女人)，就"在生命垂危之际"这句话而言，我确实也觉得这个表达太浮夸了。但通过"垂危"(perire)这个词，我们足以阐释出实验、通过和跨越三重含义。倘若我曾经参加过游击战，我或许会知道：当被枪决的人一边大喊着"乳房万岁"，一边跌倒断气之时；当我们在集中营前混入村民之流，逃脱敌军的筛查之时，唯一的上帝就是扯淡。那个上帝，三位一体的存在，无论他是谁童年时代的信仰，也无论神正论者如何巧言令色地为他开脱，在那种时刻，他并不是无能，也不是故意不现身，他只是失去意义了。这个三位一体的上帝没有吸引力，至少对我来说，他带来的恐惧也没有因为他的神秘性而得到增强：我在恐惧感和这个唯一之间看到太多的相似性，以至于我无法因为其中的一个而放弃另一个。

我知道此时此刻，在"我们的生活里"（从"我的"这个词代代相传，进而社会阶层化以后得到的"我们的"）：没有上帝了，出现了普遍的异教。也知道，就如驱逐舰首先要是一艘舰一样，不存在的这个上帝首先也是那个一神论的和大写的上帝，他是三个"唯一上帝"中的一员，是那个安逸地忧心忡忡的上帝，他的唯一性建立在其他两个上帝血的代价之上。

但当我真正进入到"我"的生活中去，进入到我生活在解放区的母亲的生活中去（她总是点亮火光，驱散绝望），进入到我在意的周围人的生活中去时，我总是能找到多个神明。利奥塔一定会一劳永逸地告诉我："你啊，你去专心于希腊人而不要专心于犹太人了。"

"无论是穆斯林还是基督教徒，阿拉伯人将上帝称为安拉……与之相对的是 al-ilāh（那个上帝）这个词，它将普通名词 El 的一个形式与冠词组合在一起。这个词于是就在它的语言学地位和它的实际使用之间摇摆，前者将它定义为普通名词，后者又赋予它专有名词的特性。"雷米·布拉格（Rémi Brague）[1] 注意到了"安拉"这个词远不止这么简单：是上帝还是"那个唯一的上帝"？这是个普通名词还是专有名词？当我们遇到的是一个单数词的时候，这个单数形式是否代表着上帝是唯一的，还是说这是多个上帝中的一个？

很显然，一旦政治伦理问题被搅入其中，"我们"就不能支持这种区分方法了：在他第一次拥有正面内涵之时，或者说在他第一次与美德（善）和政体（国家）建立联系之时，单数的上帝就立刻变成了唯一的上帝。我们来看看柏拉图《理想国》（*République*）标

准的法语翻译。"人们不会发现神是一位撒谎的诗人。"(《理想
国》,第2卷,382d)这是埃米尔·尚布里(Émile Chambry)的译
文,文中的副标题更能显露本意——"必须摒弃那些歪曲神明和
英雄形象的寓言故事",接下来还说:"寓言故事必须如实地表现
上帝。"[2]荷马和赫西俄德笔下的神,那些神明(hoi theoi),他们
中的每一位(hekastos autōn)(381c),乌拉诺斯和克洛诺斯,迷失
在欲望里的宙斯、波塞冬和忒提斯,乞讨流浪的赫拉,他们时常
说谎、伪装、变形、迷惑别人、蛊惑别人,就像智术师那样。
"荷马讲述的有关神明的种种,比如赫拉被自己的儿子用锁链捆
住,赫菲斯托斯因为想保护自己的母亲免受父亲的殴打而被父亲
推倒在地,以及所有这些神明都参与到那些臆想之中的战斗中
去,无论这些故事是否带有寓意,我们的理想国里都容不下他
们",因为我们不是诗人,而是"城邦的建立者"(378de)。在柏拉
图的法语翻译文本中,只要条件允许,无论带不带冠词,单数的
名词往往以首字母大写的形式被加塞在其中:"上帝在本质上难
道不是善良的吗"(379b),"因为上帝是善良的,所以他不是……
所有事物的源头"(379c),"上帝完全是简单而真实的"(382e)。①
裁决很简单:"如果诗人说恶人和不良的存在需要受到惩罚,而
对他们的惩罚是神明的善举(hupo tou theou,这个古希腊词组中
的神明是单数形式,并且带有冠词,但在法语中,由于它是诗人
和异教徒的神,因此它是复数形式的),那么就该让诗人有这么
说的自由。但如果有人说,善良的神(theon,同样是一个单数词,
且这次不带冠词,也就是说确确实实是诸位神明中的一位,但在

---

① 在原文中,这三句话中的"上帝"一词都是大写的。——译者注

柏拉图和尚布里两位哲人的笔下，却变成了大写的全善上帝出现在我们眼前），他是造成某人不幸的原因，那么在一个有法度的国家中我们将会尽全力反对执此言论或听信这种说辞的人。"从上文中我们可以看到，"我们"在谈论上帝的时候，也在谈论城邦。

在柏拉图的《法义》(Lois)中，明显也能看到同样的思想。它的第 10 卷就是有关三条亵渎神明的推论的：所有神明都不存在；即使存在，他们也不关心人类；即使他们存在，并且关心人类，他们也很容易受到献祭的误导和祈祷的蛊惑。这与《论不存在》异曲同工。但在这其中，问题也是一样的，单数和冠词的问题引入了大写的使用，于是一神论就乘虚而入："永远不要相信'上帝'(ton ge theon)会比普通人更无能。"[《法义》，第 10 卷，902e；此翻译出自奥古斯特·迪厄斯(Auguste Diès)]

我们确实很难在各个领域中展示那/一个上帝，比如在政治、物理、天文学、形而上学等领域，很难将他想象成多个上帝中的一员——请允许我这么说，我们不能展示一个兰布达(lambda)① 上帝。

PHŌS(光/必死的)

要成为异教徒，首先要喜欢上看到光。光，用古希腊语说，是 phaos，phōs，现代法语中的"光子"和"摄影"两词也对应这个古希腊词。然而，这个用于形容"光"的词，phōs，

---

① 兰布达是希腊字母表中的第十一个字母λ。该字母在数学中常被用为不定量和不定性参数，只为证明某个数学推论，满足某个数学目标，而无须对这个参数赋予价值。此处表示"折中的，没必要确定"的意思。——译者注

在用闭音符换掉长音符之后，在荷马那里，也是用来形容人类、英雄和有限生命的词。尚特兰[3]指出，这个词的词源学根据很"模糊"。然而，即使"齿音层面的词形变化是次要的"，"古希腊语中该词的主格形式与梵文中的 bhas-，也就是说'光/亮/崇高'这个词的相近性"却是确实存在的；"然而"，他又说道，"从语义学的角度来看，这种相近性又很勉强"。但从异教的角度来看，这反而是相当准确的：人和光自然是一路的，看到光明的喜悦与为人的喜悦是等同的。

Phōs 或许可以被认为是用来形容人类的，对荷马来说，也是最常用的用法。当然，还有其他形容人类的方式：anthrōpos 是指与动物（anēr）相区别的人类（homo），还有与女人相区别的男人①（vir），尤其值得一提的是 brōtos（必死的），它在加上否定前缀以后，成为 ambrōtos（永生的），与之相异的自然就是神明。我们时常将 phōs 翻译为"必死的"，这非常奇怪：我们明明可以选择"有色的""点亮的""明亮的""照耀的"这样的词来翻译它，但却选择了"必死的"。所幸的是，这个错误不仅仅是全能的"泪之谷"（vallée des larmes）②在诠释学上的反击，它也为我们提供了一种新的理解方式：为了能享受这个世上的光明，我们必须拥有在某一日终将入土的特权（不计年龄的、永生的神明是没有这种特权的，他们或许也艳羡着人类），我们也需要知道自己终有一死（在这一点上，或许我们与其他动物是相异的）。

---

① 在法语中，"男人"和"人类"是同一个词，即 homme。——译者注
② 指《圣经·旧约》中的"泪之谷"典故。——译者注

但老实说，这之间还有更紧密的词源学联系。尚特兰事实上向我们指出了，就 *phainō* 这个动词而言，其所拥有的印欧语系基础首先就具有"语义学上的模棱两可"，这个动词既可以表示"点亮，闪耀"（*phōs*），也可以表示"解释，说话"（对应希腊语中的 *phēmi* 和拉丁语中的 *fari*）。从现象学的角度来说，这简直完美得不真实：从词源学中找到的证据，证明了在同一个闪光点中，迸发了人类和话语两个元素。古希腊人，是那些在知道自己生命有限的情况下，看到光明的人（生命之光、轮回之光和死亡之光）；在光明中出现的，是"现象"；这片照亮"现象"的光明，古希腊人用语言点亮。有关 *allotrion phōs* 的两个文字游戏能够说明这一点，无论是不是如克拉底鲁（Kratylos）所说的那样，这两个重音符不同的词拥有同一个词源学本源：带有长音符的 *allotrion phōs*（φῶς），根据巴门尼德的诗歌在 14 世纪的法语译本，是指"他处的光"，当然我们要知道，当时人们认为月亮的光是从太阳那儿借来的；而带重音符的 *allotrion phōs*（φώς），根据荷马的史诗译本[4]来看，是指"他乡来客"、"外国人"和"佣工"。这两个词相互呼应，就像荷马和巴门尼德两人一样，史诗被渗透到宇宙学和有关异教的哲学中去。

然而，"异教"这个词确是个十足的拉丁词：*paganus* 来自 *pagus*。后者是指放置在地面上的边界，其动词为 *pangere*，"放置，钉入"，也就有了后来"牢牢建立""雕蜡、书写"的转义。利奥塔指出："*pagus*，是指乡镇交界处的边缘地带。从 *pagus* 这个词，衍生出了国家（pays）。[5]不是 Heim 或者 home 所指的住处、庇护所，而是外围、交界地带。它们并不一定是未被开垦的地带。漫步其中，我们看到了国家的诞生。"法语中有"国家"和"农民"(paysan)这两个词，但也有"紧密的"(compact)、"冲击"(impact)和"和平"(paix)，甚至，对于 *pango* 这个拉丁词来说，它还衍生出了"木桩"(pieu)和"尖桩"(pal)。[6]

那么，被安插在这片边缘地带，身世浮沉的"我们"又体验到了些什么呢？这个"我们"给我们下的定义，就是要见证上帝们多元化的存在，在这里，并不需要考虑那个所谓的"唯一的上帝"是不是真的存在。是上帝还是上帝们？今天我们如何谈论这个难以消除的区分呢？

我们先从视角的差异性入手吧，从地面仰望星空。

宇宙(*kosmos*)的体验，用波德莱尔的意群来说就是"秩序和美"，它并不是记录在书本上的教条主义。这个经验与一个确切的事实相关：在道路的每个转弯处，在每个迂回曲折处，我们每迈出一步，世界就重组了一次。眼睛看到的一切都成为定格，并被定下结构：每次都是整理术①和宇宙学的融合出现。视野总是在不停地更新浩瀚但有限的世界布局。

我唯一一次不通过阅读与古希腊人打交道[所谓打交道，打个比方，就是指阅读《伊利亚特》，《奥德赛》，《神谱》(*Théogonie*)，《工作与时日》(*Travaux et des Jours*)，悲剧作品，辩证法舌战的或是喋喋不休的长篇大论，智术师的言论，抑或是

---

① 原文 cosmétique 若翻译成中文，意思仅限于化妆品、化妆术，但此处显然应该为其词源学意义。该词来源于古希腊语 κοσμητής，表示装饰的、整理的，其名词为 κοσμητήs，意思是装饰者、整理者，根据上下文提到的"定下结构""布局"的问题，应该取其"整理"这一层意思。——译者注

柏拉图与亚里士多德],是我在巴厘岛旅游的时候,当时有位司机,毫不犹豫地向我解释了为什么十字路口的界标总是被黑白格子的布缠绕着——因为"没有什么是全善的,也没有什么是万恶的"。眼前的景色是微缩版的宇宙:嫩绿的稻米被收割下来(一年三季稻),放置在稻田里,就好像一层层海浪重叠在沙滩上。在视界右侧最小的那一块稻田里,一只水牛安逸地打着盹儿。服务生停下车来,与一位印度人交谈,他们拿出自己的食物,准备供给晚上的小型献祭活动。同样地:在一个能歌善舞的村子里,两位年幼的女舞者紧闭双眼起舞,动作完全同步;其中的一位慢了下来,她的父亲让她站在他的手掌上,过了一会儿,他又将她放回地上,于是她又开始闭着眼跳舞,与旁边那位的动作完全同步。这是一种极端的专注度,它使自身拥有了渗透性、多孔性和通透性,这种喜悦的专注度自得其乐、斑驳陆离、千变万化、毫无保留。在生和死的时刻里。这些边缘地带的农民,是名副其实的异教徒。

与这相对的另一次经历,那个大写的他者,是我在马萨达(Massada)的经历。巨大的雨水池上是亘古不褪色的红色颜料,死海在下,蓝天在上。就在那,在读《圣经》的那个学派里,在悬崖峭壁边的小矮墙之下,只有当我们坐在那里之时,那个大写的上帝,唯一的上帝才会直接降临到我们的项背之上。除了这个可以或不可以命名的"他"之外,没有什么是合理的或者可感知的。难道荷马到古姆兰(Qumrân)来了?

我们都知道尼采是如何形容那些"异教神父"的:"异教徒就是那些向生命说'是'的人,对他们而言大写的上帝(抑或是小写的上帝?)所表达的,是对万事万物最大的肯定。"[7]之后他又定义了"真正的"异教徒："希腊人时不时以某物为名举办节日，其中灌注了他们全部的激情和全部的不良嗜好。他们为了庆祝对他们来说太人性的东西，甚至通过国家层面的渠道建立了某种规章制度：正是这里体现了希腊人世界中真正异教的部分(……)人性的现实与普遍性的关联。希腊人理解的这种自由和实在的意义源于何处？也许来自荷马或者荷马之前的那些人。因为正是这些一般而言在本性上既非最正直亦非最智慧的诗人，才会对一切形式下实在而有效的事物产生兴趣，也不会找借口将恶全然否定：对他们来说只要看到恶减轻，或是放弃了传播死亡或毒害灵魂，就足够了——这就是说，作为希腊的导师和先驱的诗人与希腊建国的奠基者的意见是一致的。"[8]

我们可以看到尼采是如何基于柏拉图，通过调整和规范化《理想国》和《法义》，将柏拉图和荷马调解到一起的。从醉生梦死的会饮到城邦的谎言，从哲学理想主义的颂词到诗歌的现实，尼采都从中抽丝剥茧般地找到了将两者调和的线索。

我们这些荷马式的异教徒，还能体验到什么呢？韦尔南(Vernant)说，还有人神之间的渗透，界限的跨越，这些都是轻而易举的。我们总是期待一个男人，或一个女人(这很重要)，甚至是一只动物(你们，公牛，天鹅)，一件东西(你们，雨水?)，是一个化为人形或物形的神，就好像我们总是在期待某个人会沾他某个朋友的光而突然改换其人类面貌，当然，这位朋友也同样可以将他藏起来，或者让他消失在云烟里。出现、消失、变化、变形，从来就不仅仅是欲望范畴内的一种交流方式。

尤其是，就好像所有的颂扬都是对逻各斯的颂扬那样，变形也是针对自己的变形。艺术模仿自然并使臻完善：无论雅典娜是否让自己以女性的外形出现，奥德修斯在获得了她的帮助后，仅仅只是让他自己变得更加"奥德修斯"。奥德修斯还是他自己。每当他沐浴、擦油、更换新衣，出现在瑙西卡和佩内洛普(Pénélope)眼前之时，他"就好像一位老练的艺术家在完善着优雅的艺术作品，这是因为雅典娜的圣宠(katekheue kharin)流淌在他的头颅和肩膀之上"(《奥德赛》，VI，233-234；XXIII，161-162)："他又回来，远远地坐在沙滩上，散发出优雅和美丽的光芒"(VI，236-237)，还有，"从浴池里起身离开，他风度翩翩，犹如神明"(XXIII，163)。而真正指出是雅典娜的金色神杖让奥德修斯成为他自己的，是猪倌俄眉(Eumée le porcher)写忒勒玛科斯(Télémaque)时的叙述："她将清洗过的长袍和大衣放在他的胸口，并施法增强了他的风度和朝气"(XVI，174-175)；忒勒玛科斯惊愕了——"不，你不是我父亲奥德修斯，你身上带着神力，让我迷惑(……)你刚才还只是一个衣不蔽体的老人，如今你看上去就像天上的那些神明大老爷"(XVI，194-195，199-200)，奥德修斯只得这么回答他——"你在这里不会再见到另一个奥德修斯，而只会看到如是之我"①[all'hode egō toiosde，维克托·贝拉德(Victor Bérard)将其翻译成"我就是你的父亲"，贝利(Bailly)将其翻译成"你看到的真的就是我"](XVI，204-205)。这种变形更加强调了自身，是我的那个人自然就是我。

当然还有一些迷人的跨界形象，比如迪奥尼索斯(Diony-sos)。但没有什么比那个道成肉身的悲剧式个体离异教更远的

_____

① 作者列出了其他两种法语译本，但她自己给出了一个不同的译文"…celui-ci moi tel que"。中文直译的意思为：就像这样的我，实事求是的我，原本样貌的我。——译者注

了——"耶稣"。他是唯一的例外，也是信仰的寄托，他反对习惯性的(人神)跨界和世间的简单事实，他拥有不寻常的寻常身份。

让我们再次回到《异教说明》(*Instructions Païennes*)上来。柏拉图很虔诚。异教言行"让他恐惧"。"他很贴切地知晓异教徒是如何敬重神明的。他们通过反间计与神明达成协议，比如说，献祭、宣誓、为人神共谋而举行的小型庆典仪式，所有这一切都同时带有幽默和恐惧的成分。""他们与神明说话的时候，就好像与他们自己内部的人说话一样，使用一种带有诱惑力且藏而不宣的语言。他们讲话只为了取得某些效果，而不是要说出真相、揭开谜团或是忏悔自己的罪过。""异教徒不会质疑他们的叙述和物体之间的相符性，他们知道参照物是由文字组织起来的。神明并不是这种组织关系的保证，因为神明的话语并不比人类的话语更真实。修辞术和狩猎让他们够忙的了，没有谁更占优势，更没有什么圣宠。""唯一剩下可以做的就是去迷惑他们①，我们就能够凌驾于他们之上，就算是一小会儿(……)一小会儿的好时光，一个胜利的时刻。""一个异教神明，打个比方说，可以是一个高效的叙述者。""请不要忘记这些故事的实用之处：这都是人在叙述，这些人知道神明都听着呢，于是，他们就在奉承神明的过程中占神明的便宜。"[9]"您是否能讲一个让人们时常会记起，永远不会忘记的故事？或者是否能讲一个能让某事发生的故事？是目的论变得健忘了，还是终结论没有了尽头(finalité sans fin)？"[10]您是一位哲学家(*ad vitam oternam*)，还是一位将永恒看作可变的，又将

---

① 此处的他们代指神明。——译者注

记忆看作一种魅力的诗人？

我希望将所有这些特点放到一个原始的情境之下。它应该是荷马式的。它编排出了"人—神—人"这一美妙的渗透，又将宇宙编织成比较的结构（人类，神，动物，植物："这是一头山狮……，这是……"，"就像是棕榈树的幼苗……"），最后编排出了关于语言表现和话语行为的理论。我建议将以上全部内容称为"异教的"。

这场戏的主角就是那个最容易渗透的、最灵活的人："神样的奥德修斯"，*dios odusseus*，用来修饰它的另一个形容词是 *polutropos*，"千变万化"，他有一千种存在的方式，（如同经历着）各种各样的比喻。对我来说，重要的是他与那个悲剧式的化身（基督，那个被钉在十字架上的唯一的上帝）形成的对比。这种对比的出现，主要源于我将这个化身与圣体形式论和外部权威性联系了起来。这么一来，基督就变成了语言表现和述行理论的现代模板。换句话说，大写的上帝根据自己的形象创造了人类，只有他才能切实地说出："这是我的身体。"柏拉图也好，比他更早期的色诺芬也好，他们批判诗人和异教徒的最大不是，就是指责他们根据人类的样貌造了神。这种批判的哲学本质与它的诗歌本质相连（后者也连接起了智术和修辞术之间的关系，以及逻各斯论和本体论之间的对立关系）：不是要说出存在的东西，而是要将说出来的东西变为存在。《奥德赛》里最著名的几幕之一，就是我想要回过头来再讲的：抵达淮阿喀亚人（Phéaciens）部落的这一幕。在逆流而上的过程中幸免于海难的奥德修斯精疲力竭地昏睡在落叶之下，瑙西卡和一群女人来到那里洗衣服。她们的球不幸掉进了瀑布，她们惊叫起来，奥德修斯闻声而醒，他坐了起来，遵从他的内心和灵魂做出举动。"神样的奥德修斯说完，匍匐出丛林，伸手从浓密的树丛中折下绿叶茂盛的苗壮树枝，遮住英雄裸露的身体。他向前走去，犹如生长于荒野的狮子，英勇无畏，任凭风吹和雨淋，双目眈眈如烈火，扑向牛群或羊群，追赶山野中的鹿群，饥饿占据了他的脑袋。奥德修斯也这样走近美丽的少女们，情势逼迫不得已，他无暇顾及赤裸的身体，心中燃起了欲火。他那具被海水弄脏的身体可怕极了，令少女们惊恐不迭。"①[11] 唯有瑙西卡露面：

> 奥德修斯犹豫了：是不是该向这位迷人的少女求爱，并抱起她的膝盖[*gounōn lissoito labōn*]，还是应该不移动脚步，只说些甜言蜜语？他想了会儿，认为最好还是留在原地，保持距离，只说些甜言蜜语：走过去将她从膝盖处抱起[*gouna labonti*]或许会激怒她。他立即就说出了一段美妙的话语，就像蜜糖一样甜，充满着示好的意味："无论你是人是神，我都拜倒在你的膝下②。"（《奥德赛》，VI，v.141-149）

话语可以行事。奥德修斯创造的这段"俘获芳心的话语"（*ker-*

---

① 《奥德赛》中的这段话，其法语版本与公认的希腊语版本略有差异。此处综合两者后给出汉语翻译。另外，由于《奥德赛》的文风与芭芭拉·卡桑女士的书写风格存在着较大差异，本书中出自《奥德赛》的引用翻译，在文风上主要借鉴汉译本《奥德赛》。——译者注

② 原文的意思是：我想抱起你的膝盖。此处采用意译的方式，关于《荷马史诗》中"膝盖"（genou）一词的意译方法，主要参考文献为《 Le thème des genoux chez Homère 》（http：//www. homeros. fr/IMG/pdf/Genoux-Homere-FL. pdf，访问日期为 2017 年 3 月 11 日）。——译者注

daleon muthos），符合述行理论：说"我都拜倒在你的膝下"而不是真的去做，似乎比实际动作更有效果。因为他说"我极度害怕抱起你的膝盖"（《奥德赛》，VI，v. 168-169）。

奥德修斯所完成的这项创造需要整个宇宙的介入，它建立在宇宙中沟通和类比的结构之上。在人、神相互渗透的条件下，整个过渡的过程都见证了以上这一点。奥德修斯成了神，他是山野里的一头雄狮，一个赤身裸体的阳刚男儿，一个沉船的幸存者；瑙西卡是一位少女，或许是一位女神，抑或是凡人，准确来说，是那颗棕榈树幼苗的树干——"奥德修斯对她说，我的眼睛从来没看到过你这样的凡人，不管是男人还是女人，我看到你的时候，心里充满尊敬(*sebas*)，(你让我想起)在阿波罗祭坛边的提洛岛上，有一天我曾经注意到(*enoēsa*)一颗苗壮成长的棕榈树幼苗"。(这就是)在每个可被决定的时刻表现出的不可决定性，一股让身份交织的暗流涌动制造了世间的美。

奥德修斯和瑙西卡，山野雄狮和棕榈树幼苗：一个男人和一个女人，这一切简单来说，只是很养眼。让我们再多发挥一点文学的敏感性：*kerdaleon muthos*，是一个男人为一个女人创造的，这是抱起这个女人膝盖最温和的方式。而抱起膝盖这种求爱的动作，根据"奥奈恩斯所说的偶然性考虑"，旨在繁衍生育(*gigno-mai*)，把膝盖看作根本力量的所在。

如今的异教思想体现在：比起说出真理的伟大全能上帝，我们会更偏爱那些神样的奥德修斯。这就是每一个异教徒在等待另一个人类时一直所期待的：但愿他是个神。如康德所说，我"仰慕"和"敬畏"我头上的星空与我心中的道德律。但看到光明和向某人说话，这已经离幸福又近了好多步了。

注释

[1] Article DIEU dans le *Vocabulaire européen des philosophies*, *dictionnaire des intraduisibles*, Seuil-Le Robert, Paris, 2005, p. 321, Ⅱ.

[2] Les Belles Lettres, Paris, 1932 (7ᵉ tirage, 1970), p. 79, p. 82.

[3] *Dictionnaire étymologique de la langue grecque*, nouvelle éd. mise à jour, Klincksieck, Paris, 1999, sv *phōs*.

[4] Par exemple *Illiade*, Ⅴ, 214, ou *Odyssée*, ⅩⅥ, 102, ⅩⅧ, 219. 至于"他处的光",见恩培多克勒(Empédocle)的用法,fr. 45 DK(t. Ⅱ, p. 331)。

[5] Jean-François Lyotard, *Instructions païennes*, Galilée, 1977, p. 43.

[6] Alain Rey, *Dictionnaire historique de la langue française*, 3 vol., Le Robert, 1992, sv PIEU.

[7] *L'Antéchrist* [1888], in *Œuvres*, Robert Laffont(Bouquins), Paris, 1993 t. Ⅱ, p. 1093, trad. H. Albert, rev. J. Lacoste.

[8] *Humain, trop humain*[1878-1879], Ⅱ, 220, *ibidem*, t. Ⅰ, p. 777-778, trad. A.-M. Desrousseaux et H. Albert, rev. J. Lacoste.

[9] 此处剪辑由对 *Instructions Païennes* 第 43～49 页的引用而来。

[10] *Instructions païennes*, p. 66.

[11] *Odyssée*, Ⅵ, v. 127-138. 我在修改后有时保留贝拉德的优美译文。

13

海伦

　　歌德在《浮士德》里写过这样一句话："把任何女人都看成海伦。"墨菲斯托(Méphistophélès)在巫师的厨房里为了让浮士德喝下春药，对他说道："饮下这一杯，会把任何女人都看成海伦。"[1]果然，当玛格丽特(Marguerite)从街上走过时，浮士德在镜子里看到她的倩影，说了一句："海伦!"他把玛格丽特看成了海伦，并由此陷入爱河。

　　这句话在歌德之后，如同粉末般洒满了整个德国。其中两位思想家的用法震撼到了我。第一位是尼采，他于1872年在《悲剧的诞生》中谈论古希腊艺术时写道："他将所有女人都看作海伦。对于存在的贪婪欲望掩盖了不够美的东西。"于是，把所有女人看成海伦，就意味着在丑陋中看到美。

　　第二个是弗洛伊德，在他于1909年写给荣格的一封极为古怪的信中，他解释了为何他很确信自己将在六十一二岁的时候死去。我先不讨论他罗列的所有原因，总之，他甚至把61这个数字与他在雅典时所入住的酒店的房间号联系起来，他住的是31号房："这简直是命中注定，它怎么说也是61~62的一半。"为了用数字61解释自己的这场经历，他讨论了"无意识"——"将所有女人都看作海伦"——的巨大关注度。就好像阐释的快感里总是不经意地混着偶然性，就好像癔症的症状总是牵涉到躯体，也好像文字游戏总是有语言的参与，无意识也是以同样的机制参与到"将所有女人都看成海伦"这件事中去的。于是，其意义甚至可以说是无意义的或是微不足道的。

我想问的问题是：海伦到底有什么，或者这样说，在海伦的本质或者非本质中究竟有什么东西，让她成为"所有女人"？换个说法，是什么让她成为那个 *eidos*(理念)的女人，成为那个作为女人的女人，成为每个例子中的女性特质，简单来说：那/一个女人。

老实说，为了探索这个问题，需要将海伦看作一个多媒体文化对象。很显然，音乐在此之中占据了至关重要的位置，特别是那些围绕海伦这个形象而创作的歌剧或轻歌剧作品。但无论是哪种媒介，我们或许都可以从方法论的角度这么来说，海伦的世界有一个强烈的特征，它是一个开放的世界。与对严格的文体分类不同，包括文学形式在内的所有形式都(通过海伦这个形象)相互交融：绘画、音乐、哲学，当然也有史诗、悲剧、喜剧、抒情诗歌，甚至还有小说。在这第一个特征之后，还应该连上第二个特征，那就是它液化了时间：文本、音乐、词语，所有这些用海伦做文章的东西，都是无休无止的隐迹纸本和隐迹纸本的隐迹纸本，它们通过被不断再利用而被讽刺地组织起来。没有一个文本不是由其他文本编织而成的，没有一段音乐不是根据其他音乐创作而成的，没有一个花瓶上的海伦的艺术形象不是根据其他现存的形象而做的。这完全是古希腊的，完全是文化的：海伦完全是一个制造出来的对象。在这个不断流通和以层状扩张的世界里——我很乐意被归入女性这一边——不可能一方面拥有严肃性和深度，另一方面还拥有外表和肤浅。"噢！这些希腊人，他们擅长生活：这就要求以一种勇敢的方式止于表面，止于褶子，止于肌肤，停留在眷恋表象，相信形式、声音、话语，相信奥林匹斯的全部表象！这些希腊人是以深刻的方式肤浅着。"[2]只用了一句话，尼采重新演绎了柏拉图式的感性/心智二分法；从此我们不再说：这属于哲学，属于男人，而那属于文学，属于女人。海伦的宇宙，是个扩张的世界，从装扮术（她的镜子和脂粉）扩展到了宇宙学（卡斯托耳与波鲁克斯，她的兄弟星座）。这种装扮术和宇宙学之间的关系，我建议称之为"美"。

为了定义海伦的美，自《伊利亚特》和《奥德赛》以来，有一个短语不停出现："她像得可怕（ainōs eoiken）。"像得可怕，海伦的美是一种极具代表性的美。于是，我们看到了有关她的最美诗歌之一，即埃斯库罗斯（Eschyle）在《阿伽门农》（Agamemnon）里的一首关于海伦的短诗（第739～744行，我尽力翻译出来）：

> 首先进入伊利翁城的，
>
> 我称它为一种思考
>
> 风平浪静的思考，
>
> 代表富裕的和平雕像，
>
> 眼里射出的柔和的箭，
>
> 一朵迷魂的、爱情的花。

这是一首相似性置换的诗，它置换着有关世界的思想性组织（一种风平浪静的冷静思考）和所有这些实在的项链、财富、眼里的箭、爱情的花，是装扮术和宇宙学的置换。以至于我和画家马修（Matieu）[3]首先完成的共同任务，是惊叹在各种花瓶上数量众多、样式多样、不断创新且设计精良的海伦裙子式样；海伦的衣柜，或许就代表了海伦，也有可能是海伦最现实的部分。"那么好……你也别忘了衣着"，福耳库阿(Phorkyade)对浮士德如是说道；季洛杜(Giraudoux)作品中的赫克托耳也对帕里斯说："总之，由于她当时没穿衣服，没穿任何一件海伦她自己的衣服，因此所有这些物件都没有被侮辱。只有她的身子被糟蹋了。这没什么大不了的。"[4]

现在回答我之前提出的问题：自荷马以来，海伦是如何被构建成那个能让我们把所有女人都看成她的人？通过整理她的文本世界，我们注意到了重点：她的现实和形象的稳固性，以一种惊人的方式，完完全全与语言相关联，这允许她以各种不同的形式出现。我们能把所有女人都看成海伦，是因为她有一个坚实的存在，这个存在是语言的、话语的。"女人和词"，我从以下四个要点来着手分析。

第一个要点：她的名字，我主要阅读埃斯库罗斯的文本。

第二个要点：她的声音，我主要阅读荷马的文本。

第三个要点：词与物的关系，我主要阅读欧里庇得斯的文本。

第四个也是最后一个要点：她与逻各斯、与普遍的话语之间的关系，以及她与存在之间的差别，我主要阅读高尔吉亚的文本。

13.1 海伦的名字：埃斯库罗斯

首先，我们谈谈海伦的名字。我不是用正统派的方法来分析的：比如说，如果你们查阅尚特兰的杰作《希腊语词源大辞典》

(Klincksieck，1990)，你们将会知道，"无论宗教历史学家想尝试给它什么样的阐释(……)要寻找'海伦'这个名字的词源学根据，只是徒劳无功"。这么看来，确实曾经存在过相当多词源学的阐释，并且让希腊人都深信不疑。比如，Hélène 来自 halein 这个词，也就是 heireō 这个动词的直陈式过去时，"我抓住，我擒走，我捕获"：希腊人认为这是一个很好的命名方式，符合词的真实意义(etumon)，从根本上满足"词/源学"(étymo-logique)①。尤其还因为 Hélène 这个词的词尾带有不确定性：我们不能知道它究竟是主动态(也就是说她是个迷人的掠夺者)，还是被动态(被绑架者和被掠夺者)。然而，这个被掠夺的掠夺者以这种形式出现在所有的诗歌里：海伦，你这个罪恶的受害者，既是主动的，也是被动的。就像季洛杜在《特洛伊战争不应发生》(La Guerre de Troie n'aura pas lieu)中说的那样："你和我一样了解女人。她们只会在你逼迫她们时才会同意(委身)，但她们对此会感到兴奋。"

我在这里只读以下这一首关于海伦名字的诗，其余所有的都一触即发。埃斯库罗斯的《阿伽门农》第 681~701 行：

> 是谁起名字这样名副其实？
> 是不是我们看不见的神与那注定的命运，把它正确地一语道破？
> 给那引起战争的、双方争夺的新娘起名叫海伦？

---

① 这里的 étymo-logiquem 由 étymologique 拆分而来，étymo 的意思是"词的真实意义"，logique 的意思是"学问，学说"。——译者注

　　因为她恰好成了一个"害"船只的，"害"人的，"害"城邦
的女人。

　　在她从她精致的门帘后出来，在强烈的西风下扬帆而去
的时候，

　　跟随着的就有许多人，持盾的士兵，桨后的猎人。

　　在消失的痕迹上，在那些西摩厄斯木叶茂盛的河岸上，

　　在登陆之人留下的痕迹上，追踪她，

　　这是由于那残忍的争吵之神

　　在作弄啊！

　　这个古希腊语的词源，隐约看来，与法语诗人龙萨(Ron-
sard)有着惊人的相似性，并且都带有相似的暴力——"你的希腊
名字夺走了、劫持了、杀死了、掠夺了、强占了我的心神，成为
你可怜的猎物……"[5]，或是相似地为爱发愁——"我亲爱的海
伦，不，是我轻柔的呼吸，将我炽热的心冷却"①[6]。这首诗让我
想起了马洛(Marlowe)做的一个英语文字游戏。马洛有时会将海
伦(英文为 Helen)写作 Hellen，两个"l"，让人想到地狱(Hell)：
"那神圣的海伦"(that heavenly Hellen)。[7]

　　尤其是，在法语中，带有一个"l"的 Hélène 这个词(这一个
"l"似乎成了它的能指)，与带有两个"l"的 Hellènes(古希腊人)发
音相近。海伦，这个特洛伊战争的罪魁祸首，也不停地成为"古
希腊人都变成了海伦"这一事实的原因：这场"为了海伦而打的
仗"，成为古希腊民族特性的组成部分。伊索克拉底的《海伦颂》

―――――――――

　　①　Hélène 和 haleine(喘息)在法语中发音相近。——译者注

(l'*Éloge d'Hélène*, 4-5)就见证了这一点："我们完全有理由认为海伦是我们没有成为蛮族奴隶的原因。我们其实会发现多亏了海伦，我们达成了共识，组织了联军攻打蛮族。"更不用说比代(Budé)的翻译版本了："我们看到古希腊人团结起来。"由于比代的文本已经被破坏，如今已经没人能够考证他说的是海伦还是古希腊人了，只看到揉在一块的字母 LN。海伦是和语言的关系(古希腊人面对蛮族人的夸夸其谈)，海伦也是和领地的关系[在欧里庇得斯的《海伦》结尾处，她成为守护雅典海岸的一座岛，法罗斯岛(Pharos)的真名是海伦岛]，于是，海伦又是为了让欧洲达成共识，组织起神圣联盟的人。海伦这个名字让她成为语言、民族、大陆、文化的多元组成。海伦或整个古希腊：欣喜自己在被绑架、被征服的时刻，总是能够征服自己的对手。说得再深入、再普遍一些，海伦这个名字，就像爱情对于战争这个词的意义一样，从本质上说，通过这么一长串的文本引用，这很显然是一个文字的问题，文字间的关系，一个有意义的言语行为。

13.2　海伦的声音：荷马

海伦的声音拥有坚定的存在，极其独特。我们也有一个权威的出色文本来说明这一点——但每次我看到市面上该文本的译本时，我都非常恼怒，因为，即使译得都很好，它们也都拗口难读。

在《奥德赛》的这一幕(IV，121-190)里，我感兴趣的那几句，真正不同寻常的那几句，是传统意义上被删除、被舍弃(athétesé)①，也就是说那些被架上语文学断头台的从属语句。从

---

　　①　这里的 athétesé 词源为古希腊语αθέτησις，意思是：因为被认为是假的而被抛在一边。——译者注

最早的古希腊学究到贝拉德(当然这位先生确实如实地翻译了文本,以至于他的文字在我们耳边时,就好像荷马本人的文字一样),我们或许总是说"啊,不!这不可能,荷马不可能想说这个;这没意义",于是我们就删了相应的文本。其实我们或许成为像吕西安那样的自由之人,才能边笑边肯定地说,其实所有被删除的部分都是荷马的句子——我在地狱里见到了他,他"毫无例外地认了所有这些句子"[《真实的历史》(*Histoire véritable*),Ⅱ,20]。就是这一幕。海伦回来了,她再一次回到了墨涅拉俄斯(Ménélas)的身边。墨涅拉俄斯没有杀死她来报仇,海伦于是成了他家的女主人,专心于纺织。当她回来之时,女仆从们安静了下来。在她吃东西的时候,忒勒玛科斯和一些客人突然来了,忒勒玛科斯正在找他的父亲,因为奥德修斯是唯一没有一起回来的人。而这一天恰巧还是墨涅拉俄斯和海伦膝下其中一个孩子的大喜之日,忒勒玛科斯在那里触霉头地哭了起来,他的哭声扫了晚宴的兴。于是海伦(接下来我开始解述,但我解述的内容都是荷马的话)有了个主意,她拿了一剂她从埃及带回来的"药",想掺入酒中。这"药"既是灵丹又是毒药,服下之后,所有的悲伤将被治愈,即使亲眼看见自己的父亲和兄弟被残杀,也不会流下眼泪。荷马说道,这剂"驱散痛苦和愤怒"的"药"(*pharmakon nepenthes takholon*)能够让人放纵自己去体会演说的快感(*muthois terpesthe*:"体验叙述的快感")。她将"药"倒入了酒中,所有人都喝了,开始口若悬河,一片喜气洋洋。

都有谁?说了些什么?海伦首先开始,说了一段复杂的话,赞美奥德修斯——这幕计谋和双关语交织的场景大有学问,海伦其实认出了混进特洛伊的奥德修斯,但是她并不揭穿他的身份,而是心里暗喜于听到他计划的特洛伊屠杀。墨涅拉俄斯接着说："啊！我的妻子，你怎么能说这一切是公正的呢。"之后他又附议几句，赞美奥德修斯："你们要知道我们是如何谋划的，要知道奥德修斯付出的心血是如何换取胜利的！我们这些善战的士兵，藏身在一个木马中，给特洛伊人带去了死亡和杀戮。"藏着古希腊战士的木马，进入了城里，就矗立在特洛伊的中心。海伦在特洛伊生活了 10 年，先嫁给了帕里斯，在帕里斯被杀之后，又嫁给了他的哥哥德伊福波斯。墨涅拉俄斯对海伦说：

> 但你啊，你幸存了，幸存于特洛伊这片土地上。不知是哪位神明将你带去那里，想要让那里的人民获得一次荣耀的机会（跟随着你的脚步，德伊福波斯也俊若天仙）——贝拉德很符合常识地注意到这部分有疑问，该被舍弃（为什么墨涅拉俄斯要明知故问，提到海伦在归入他的怀抱之前进过多少男人的怀抱呢）。你三次徘徊在陷阱的周围，却都侥幸逃脱。你一个名字接着一个地呼唤着达那厄（Danaé）最精良的士兵（用你的嗓音模仿每个亚哥斯战士的妻子）——一致性舍弃——……我、堤丢斯之子和奥德修斯一起坐在木马中，听到你的叫喊；我们俩都再也不能按捺住心中的欲望，在我们准备冲出来之时，奥德修斯制止了我们，并平复了我们的欲望。

看看这个情况有多复杂：海伦正在背叛古希腊战士，其中就包括奥德修斯和她的丈夫，她希望这些古希腊战士互相出卖。为了达到这一点，她开始模仿这些战士 10 年来都没见过的各自妻子的声音，呼唤着他们每个人的名字，让他们迷失在欲望之中。于是，她用自己的声音呼唤墨涅拉俄斯，用阿贾克斯(Ajax)妻子的声音呼唤阿贾克斯，用佩内洛普的声音呼唤"奥德修斯"。当然，那位评注家说道："模仿声音是不可能的，这可笑至极。"贝拉德也发文说："279 这句完全不能理解：海伦如何能够模仿每一个居住在伯罗奔尼撒半岛的女王的声音？为什么要这么做？"受弗洛伊德和拉康影响的雅各泰特(Jaccotet)吹毛求疵地补充道："这一句让所有文论批评都感到悬而未决的话，或许仅仅是想说明海伦说希腊语，而不说特洛伊语。"……

我的看法是，这个声音其实完全就是那个"药"，灵丹/毒药；而呼唤着每个男人名字的那个声音，就是欲望的本质。但我推测，海伦在普遍意义上等同于所有女性，她是那/一个女人。这就解释了为什么她的嗓音能够激起欲望，就像每个女人的声音能激起相对应的每个男人的欲望那样。

13.3 词/物：欧里庇得斯

第三层：词比物更真实，对于海伦来说是这样的。

欧里庇得斯在他的《海伦》里，编排了一个我们称之为"新海伦"的人物，这在当时产生了较大的轰动。新的部分在于，有两个海伦。首先有个真海伦——好吧，我也不知道哪个是真的。总之有个叫"海伦"的海伦。接着，完美的妻子典型——赫拉，将这位海伦送到埃及的一位老国王身边。这位名叫普罗特斯的老国王完全没能力加害她，于是海伦就逃过了被劫持、被毁约、不忠等所有不良事件，她就在埃及等待所有不幸在远方发生。她自己也就成了忠诚的典型，是前线士兵参战时，他们后方的完美伴侣。

接着，还有第二个海伦，这个海伦只是一些模糊的声响（*flatus vocis*），云雾做的雕像，一个鬼魂（*eidōlon*）——海伦的名字。这个海伦才是被帕里斯掳走，去特洛伊的那个；她才是站在城墙上，让古希腊人奋战、自相残杀的那个海伦；被墨涅拉俄斯抢回的海伦也是她，直到他带着这个海伦来到埃及的沿海地区，才与那个"真正"的海伦产生了对峙。因此，我们称它是个名字，或者说是影子，一个叫"海伦"的影子，而第一个海伦是海伦自己，是特洛伊的海伦和埃及的海伦。

这出戏是最反柏拉图主义的，因为词在这里的真实性大于物。名字在这里比肉体更真实，因为它带来了更多的效应。墨涅拉俄斯早已告诉了我们这一点，后人也无数次引用了这句话，比如布洛赫（Bloch）在《希望的原理》（*Le Principe Espérance*）中说道："是我难以忍受的巨大痛苦说服我这么做的，而不是你"[8]——我想"是这乌托邦式的 10 年，是在苦难和爱恨交织中被戴绿帽子的煎熬，以及这么多年来远离家乡之苦"，而不是我看得见、摸得着和对着说话的你，让我这么做的。即使只是一个影子，但在我和我们希腊人身上产生了如此巨大的效应。

我们很难从译文中读出这层意思，即使译文的数量多到无法一一排除。比如，当海伦说道"我被叫作海伦"时，有人将它翻译为"我叫海伦"（v. 22, trad. Grégoire, Les Belles Lettres），这句译文在那个场景里，真的大错特错。

海伦是如何用这第一篇独白来解释来龙去脉的，相关文字我翻译如下。

赫拉指责帕里斯没能让她击败其他女神，

她让帕里斯渴望的温柔乡变成了一阵清风，

她没有将我给他，而是给了他一个类似于我的人，

一个会呼吸的玩偶，用天边的碎块做成，

献给普里阿摩斯王（Priam）的儿子。他得到了我

这空洞的躯壳，却以为得到了我。

（……）赫拉将我置于弗里吉亚人（Phrygiens）的保护之

下，不是我，

而是我的名字，成了希腊人发动战争的导火索。

这里没有产生歧义的可能性，在特洛伊的就是海伦之名，就是那个随风飘走的云朵般的名字。在这出戏的结尾，这个鬼魂般的名字，这个木偶鬼魂形象，羽翼飘仙，回到天界，因为在最后，欧里庇得斯这么写道："海伦再也不能向神明借用她的名字了"[9]。两个海伦于是合二为一，这唯一的海伦既是她的躯壳，又是她的名字。最终和墨涅拉俄斯一起走向美好大结局的，就是这个海伦。

但让我们往回倒，我实在忍不住要讲一幕误解和相认的经典场面，这一幕或许比得上《错位》（Misfits）。当墨涅拉俄斯下船来到埃及的河岸边，他看到了一位长得极像海伦的女人（最终最像海伦的，像得惊人的，还是海伦自己），于是墨涅拉俄斯就对她说："哦，天哪！你叫什么名字？"她答道："海伦。""少来了，你不可能是海伦，因为海伦就在我身边，我刚才将她留在一个山洞里了。"那位女子则说道："你长得真像墨涅拉俄斯。"因为她了解所有的前因后果，于是就想对他解释说："名字可以在很多不同的地方出现，但身体却不行。"这就是墨涅拉俄斯用这句漂亮的句

子来拒绝接受事实的原因："是我难以忍受的巨大痛苦说服我这么做的，而不是你。"

最终他们一起离开了那里，但我们明显能够看到，词比物更真实，而且词中真实的部分，来自它所产生的效应。

13.4 逻各斯、《海伦颂》：高尔吉亚

在某种层面上，海伦是言说的产物，她甚至是逻各斯的化身。

阅读荷马之后第一部有关海伦的鸿篇大作——高尔吉亚的《海伦颂》——就能看到这一点。高尔吉亚和一位使团领袖来到了雅典，处理西西里岛的事务。相传，他在雅典人面前提议要在政治集会广场上做一场有关海伦的 *epideixis*，即一场展示、表演或报告会：如果用通俗的话来说，就是脱口秀。他在这场秀上展示了海伦为何是有罪的——没人会感到惊奇，所有人都知道：她离开了她的丈夫和国家，她的孩子，等等，这个女人的罪恶是深重的，数以千计的希腊人因为她丧了命。但高尔吉亚最后说道："请明日同一时间再来这里。"于是，第二天，在同一时间、同一地点，高尔吉亚说了这段我们唯一保存下来的他的演说——他口吐莲花，能让人放下所有手头的事情来读这篇《海伦颂》。然而，《海伦颂》彻头彻尾都是在解释为什么海伦是无罪的，为什么她就是史上最无辜的女人。

用于论述海伦无罪的是一系列嵌套的理由，这种嵌套的结构我们在拉康的《再来一次》中也能找到。海伦是无罪的，因为是命运，"命运的安排、神明的旨意和必要性的决定"造成了这一切。这都是 *fatum* 的范畴，即奥芬巴赫（Offenbach）所说的宿命。于

是，如果是宿命让她变得有罪，那么她是清白的。或者，她是被强迫带走的，蛮族人掳走了她，那么错在蛮族的掠夺者，再次证明，她是无罪的。再或者，第三种可能性，她是被"演说给说服的"，于是，如果她真的相信了人们告诉她的那些话，她就更加不可能有罪了。《海伦颂》是颂词的模范和范例，它歌颂的是逻各斯，是逻各斯的力量：

> 但如果说服了她的那位、迷惑了她的灵魂的那位是话语，那么要反驳这指责、摧毁这控诉也就不难了：逻各斯是一位至高无上的君主，他大音希声，大象无形。因为他能终结恐惧，逐去痛苦，产生愉悦，增强怜悯。我将展示他是如此之好，我也必须展示给愿意聆听之人。

她被认为无罪的原因是她轻信了逻各斯。将她洗白的则是另一个逻各斯。逻各斯在雅典人面前演绎了她的清白，这让雅典人瞠目结舌，正准备要造出"高尔吉亚化"这个动词。然而，这个我们都知道无法翻译的逻各斯[10]，只不过是那剂"药"罢了。高尔吉亚准确地指出了这一点：

> 话语的力量与灵魂的配置有关，就如药理和身体机理之间存在关系那样，就像某些药能够让身体排出某种体液，某些药能治病，有些却要人命一般。如此，在话语中，有些让人忧，有些使人喜，有些令人惧，有些促人勇，也有些妖言惑众、毒害灵魂、蛊惑人心。

这种言语行为在恰当的时候被施行："我通过这次演说，让一个女性摆脱了她的坏名声，(……)对海伦来说，这是篇颂词，对我来说，是个玩具。"从各方面来看，这就是海伦拥有的话语核心，从对能指的吹毛求疵(她、仇恨)①，到一些最终引向"话语产生存在"的主要大概念，我或许能将这些概念归入反本体论的范畴。从这开始，或者说从她开始，我们可以用以下这种方式来圈定智术的范围。一方面，是从巴门尼德到海德格尔的本体论：肯定"存在者存在"，人类，作为存在的守护者，被赋予了说出存在的事物的任务。另一方面，再次借用诺瓦利斯的术语，是逻各斯主义，首先要有话语，而存在除了是言说的一个效应外，什么都不是，它是一种话语的行为。逻各斯让所有事物都"是"，赋予了它们核心和存在；在政治领域如此(古希腊的 *polis*，最夸夸其谈的领域，就是由连续的言说行为创造出来的)，在爱情领域也是如此，或者放之四海，对于所有文化对象而言，皆是如此。在这些理由纵横交织的过程中，海伦的情况也是如此。可以板上钉钉确认的是，她的形象一定是以这种方式，而不可能是以其他任何一种方式，被构建起来的；而我也是用这种方式，来称其为女人的。

注释

[1]Goethe，*Faust* Ⅰ，v. 2604.

[2]Nietzsche，Avant-propos à la deuxième édition du *Gai Savoir* (1886)，trad. M. de Launay，*Essai d'autocritique et autres préfaces*，Seuil，Points-Bilingues，1999，p. 111.

---

① 法语中"她""仇恨"两词的发音和"海伦"较为接近。——译者注

[3]马修为《把任何女人都看成海伦》一书做了插画，Les Empêcheurs de penser en rond 出版社，2000 年。

[4] Goethe，*Le Second Faust*. v. 9952s. ; J. Giraudoux，*La Guerre de Troie n'aura pas lieu*，Ⅰ，4. Cf. *Voir Hélène en toute femme*，p. 66-73.

[5]*Des Sonnets pour Hélène*，Ⅱ，9.

[6]*Ibidem*，Ⅰ，3.

[7]*Doctor Faustus*，Ⅴ，1，89.

[8] Euripide，*Hélène*，v. 593，cité par Bloch，*Le principe Espérance*，tr. fr. F. Wuilmart，Gallimard，1976，Ⅰ，p. 228；je cite ensuite les p. 224-225.

[9]Euripide，*Hélène*，v. 1653.

[10]我们可以通过词典来给出一个答案：《贝利希腊语—法语词典》主要区分了两种互相重叠的语义范围，A. 话语，B. 理性。《利德尔·斯科特·琼斯希腊语—英语词典》与之相反，给出了一系列释义：Ⅰ. computation，reckoning；Ⅱ. relation，correspondence，proportion；Ⅲ. explanation；Ⅳ. inward debate of the soul；Ⅴ. continuous statement，narrative；Ⅵ. verbal expression or utterance；Ⅶ. a particular utterance，saying；Ⅷ. thing spoken of，subject matter。我们可以看到，这涉及数学(Ⅰ-Ⅱ)，理性(针对他们或自我的简述，Ⅲ-Ⅳ)，以及语言(从言说之物、言说和言说对象的视角)。第一种从话语出发，经由理性到达数学意义上的有关"关系、配额和类比"的判断力和评估力，而对于第二种来说，数学就是它的出发点。

14

高
潮

无意识，不只是说个体会思考。

与传统科学所说的那样不同，

无意识，是指个体在说话时达到高潮。

并且，我补充一句，他并不想知道更多了。

这就意味着，我插一句，他一无所知。

——雅克·拉康[1]

　　性别差异是否对语言有影响呢？女性的欲望、快感和高潮①如何与语言相联系呢？用这个我钟爱的例子来说，海伦与语言之间的联系是不是让她成为那/一个女人呢？我想基于我对《再来一次》片面而主观地阅读，通过拉康的几条线索来讨论这个问题。

　　首先，针对事与物的"实在"（réel）这个问题，明显能找到一条否定的线索。海伦的欲望、海伦的快感、海伦的高潮，从由这个词的所有格引发的主观和客观意思来看，也就是说我们从由她那里所得的和她自己所拥有的两方面来看，一切都是无，而不是"rem"，即某个东西。我引用季洛杜的通俗喜剧的一小段（《特洛

――――――――――

　　① 此处的欲望、快感与高潮并非指女性生理上的欲望、快感与高潮，而是拉康《健忘者说》中提到的象征性精神分析学概念，与拉康著名的"阳具"概念对应，指对于所缺失的东西的渴望与满足。——译者注

伊战争不应发生》，第 1 场第 4 幕)来展开：

帕里斯：她看上去不像一只可爱的小羚羊吗？

卡桑德：不。

帕里斯：是你之前告诉我她像一只小羚羊的……

卡桑德：我搞错了，我后来又看到过另一只小羚羊。

赫克托耳：小羚羊，小羚羊，你们让我感到厌烦了。难道她就这么不像一个女人吗？

帕里斯：喔！她完全不像我们这里的女性，显而易见！

卡桑德：那我们这儿的女性是什么样子的？

帕里斯：像你一样啊，姐姐，和"冷淡"这个词没有半毛钱关系。

卡桑德：你的那位希腊美人总是爱得很冷淡吗？

帕里斯：听听我们的小处女说的！……你肯定很明白我想说什么。我受够了亚洲女人。她们的拥抱像胶水般恶心，她们亲吻时就像打劫，她们的话语如同唾沫。就在她们脱去衣物之时，她们也好像还是穿着比其他人更珠光宝气的服饰。她们赤裸的身体和各种脂粉，就好像要在我们身上作画，可不是吗！总而言之，她们总是"伴随"(avec)着你……但即使是把海伦搂在我的怀里，我也觉得她离我很远。

赫克托耳：有意思！你认为值得为了让帕里斯和海伦远距离做爱而发动一场战争吗？

卡桑德：远距离……他总是爱那些冷淡的女人，但都是近在手边的。

帕里斯：海伦当着面的缺席值得让人做一切事情。

至于海伦可能产生的欲望……海伦的欲望，通常不是阿佛洛狄忒的欲望，就是帕里斯的欲望，但是，从《伊利亚特》和《奥德赛》之后，这种欲望就从来不是她的了。看看《伊利亚特》的第一幕设置，我称它为英勇的一幕。为了理解它，要先把它放到文本背景中去。(《伊利亚特》，第 3 卷，335-449)海伦在城墙上俯瞰帕里斯和墨涅拉俄斯那场古怪的战役，一边是情人，一边是丈夫，其中之一总能结束这场战争；因为只要其中一人获胜，他就能得到海伦，一切战事就会停止。恰恰不是这样！没有人带走了海伦，因为阿佛洛狄忒来了；当墨涅拉俄斯将要取得胜利之时，阿佛洛狄忒带走了帕里斯，她把帕里斯藏在苍穹之下、云朵之上（所有女神都把人带到云朵上），并把他送上了自己的睡榻。紧接着，她化身成一位老妪，拉着站在城墙上的海伦的袖子说道："来啊，帕里斯叫你回家去。他就在卧室里，转身躺在床上，风流倜傥，快点。"海伦从那熠熠发光的眼睛里认出了这位女神，但她大胆反驳道："既然如此，你快去到他身边吧！放弃你的神道，别再回到奥林匹亚山上去，每日不停地向他发牢骚，守在他身边，直到有一天他将你要么变成伴侣，要么变成奴隶！我才不去那里，去侍他的寝，简直让人气愤！"于是，海伦让阿佛洛狄忒正视她自己的欲望。但就算她多么圣洁不可侵，海伦还是有理由为女神的愤怒而感到害怕（"恶妇，别惹我，要是激怒我，你就该为我抛弃你而感到恐惧了！"）。最后，海伦任由阿佛洛狄忒带她去那间卧室。于是就到了这一幕。海伦目视后方，斥责她的伴侣："你从战场上回来了，要是你死了，被那个强大的男人——我的第一任丈夫——征服了，那该有多好！从前，确实，你总吹嘘你自己……但，你快走吧……"然而，结局是这样的："'爱妻，不要用这些恶毒的咒骂伤害我的心，跟我来，让我们结合在一起，一起躺下来，爱情从未像今天这样让我沉醉，就连我们第一次时都没有这样强烈⋯⋯'他说着指向了卧榻，他的伴侣紧随着他。"在阿佛洛狄忒的欲望之后，是帕里斯的欲望，而不是海伦的。

在我看来，对这一幕，在拉康的《再来一次》[2]里能找到确切和惊人的理论构建：它笨拙地将重点放在"i"这个字母上，我将它称为女性高潮的《论不存在》，因为它拥有和高尔吉亚的《论不存在》相同的结构，这个问题我们在《海伦颂》[3]里分析海伦的无辜时就已经看到端倪了。高尔吉亚的《论不存在》有三个主题，被一种出色的让步式结构穿插起来：第一，"无物存在"；第二，"即使(该物)存在，也不可为人把握"；第三，"即使可把握，也的确不能传达和解释给旁人"。这种让步式结构，你们也能在其他地方找到，比如说弗洛伊德的小锅理论："我从来没借过小锅；我借这小锅的时候上面本来就有个洞；我还锅的时候它是完好的。"这看起来真真就像是玩笑话，与大行其道的物理世界——那个不断生长和增殖的浮兮斯(*phusis*)——背道而驰。

我在阅读拉康之时，找到了应用在女性高潮之上的《论不存在》三大主题。这里面没有什么神秘的成分。首先，她不能达到高潮(《再来一次》，第56页)："除了阳具高潮以外，没有其他形式的高潮(⋯⋯)即使有一种其他形式的高潮，它也不可能不是阳具高潮(⋯⋯)认为有另外一种高潮是错误的，但并不妨碍下文的正确性，它不应该/也不会不成为阳具高潮。"因此，她无法达到高潮。

然后是，她达到了高潮，但她不知道(我在《论不存在》第69页读到的)："她拥有一种高潮，但这种高潮属于那个不存在也没有任何意义的'她'。有一种或许她自己都不知道的高潮，除了她能够体验到——这点她是知道的。当然，当那来临之时，她是知道的。这并不会发生在所有女性身上。"因此，她高潮了，但她不知道。

最后，如果她高潮了，并且知道这一点，她也说不出来（《论不存在》，第69~70页）："这给我继续论证提供了机会，要知道，女性并不知道这种高潮，直到我们请求她们，直到我们跪下来求她们尝试着告诉我们这一点——我最后一次讲到女性精神分析——她们总是缄口不言！我们从未在这种请求中得到过只言片语。"因此，无论如何，她没法讲出来。

现在，根据这个不断让步的非物，我们能否尝试用肯定的方式来谈论它？我们再次从这个大论题出发：这是个失败的过程，失败是性关系得以实现的唯一形式。这是《再来一次》中的大论题。于是，对男性来说，由于解剖学和阳具高潮的原因，这种失败是身体上的。"阳具高潮是男性无法通过女性身体达到高潮的障碍，因为他所享受到的高潮，是器官带来的。"（《再来一次》，第13页）这就解释了为什么他不能通过她来享乐，而只能靠自己。总之，对他而言，我们必须说，生理解剖特征决定了命运。

但就女性来看，这种失败略有不同。拉康的教唆是为了证实："女性只能被排除在事物的本质——也就是语言的本质——之外，因此必须说，她们如今常常自我抱怨的东西，简单来说就是这个——她们不知道自己在说什么，这就是她们和我之间的区别。"（第68页）我们看到了这点，但是我们看到之后，能否教说这一点呢？拉康说，这种失败的方式近乎"疯狂"，由于语言的原因，它"令人费解"。这是什么意思：由于语言的原因？"性别化的这些'非全面'的女性，不是经过身体，而是根据话语的逻辑要求之结果而产生。"(《再来一次》，第 15 页)因此，这是与话语的关系，而不是与肉体的关系。这就是我所说的"更好的失败"，因为性高潮与语言联系在一起，而语言，正如我们所知，是(达到)高潮的器官(appareil)。"没有比语言更好的器官了"，尤其不可能是肉体。"言说主体正是以这样一种方式找到了让自己达到高潮的器官。"(第 52 页)以上这些只是零散组织起来的引用。但我可以说，对于女性而言，这是一种更优的失败。准确来说，这种失败因为海伦的关系更优，也就是说，这是词语和语言的秩序造成的，而不是事物及它们的秩序造成的，它遵循和符合话语的秩序而不是存在本身。

　　或许是一时兴起，抑或是一时冲动，我想做如下总结：男性如哲学家那样边达到高潮，边失败；女性则像智术师，边失败，边达到高潮。

———————

注释

[1]J. Lacan, *Encore*, *Séminaire XX*, Paris, Seuil，1975，p. 95.

[2]J. Lacan, *Encore*, *Séminaire XX*, Paris, Seuil，1975.

[3]参见本书第 13 篇文章的最后一节。

15

表现，述行

　　"述行"(performatif)是哲学家奥斯丁"发明"的一个名词。借由这个概念,他旨在发动一场"哲学革命"——"如果有人将它称为有史以来最伟大且最有益处的发明,仔细想来,这也不是夸夸其谈",与他以往的谨言慎语不同,他对此项发明的看法毫无谦虚之心。[1]于是,"述行"就被奥斯丁本人在罗亚蒙研讨会上引入法语中[2],并很快被本维尼斯特论证、归为己有并使之流行起来,本维尼斯特首先强调这个词的构造是规范的,就如同结果体的(resultatif)、表语的(prédicatif)或者另一个奥斯丁的术语"言有所述"(constatif)。与用来描写是什么和做什么的言有所述不同,述行是指:一个述行的话语并非描述某物,而是为了去做某事(it is to do it)。[3]当"妥适条件"(les conditions de félicité)被满足之时,比如说,当法官在恰当的时机说出了以下这句话,"开庭",那么庭审就确实开始了。本维尼斯特将它与容易在他人身上产生个人经验后果的命令式("过来!")区分开来,他精简地说道:"话语本身是一个行为,话语就是行为。"[4]这就是述行的定义,如革命般简洁。

　　但我们很快理解了这两者之间的差异是非常细微且不稳定的,这些差异取决于语言时机(moment)和观察点(observation):"你们,是多数",或者"是的,我们可以",这些话语真的是言有所述的吗，会不会是言有所为的话语被转换成了言有所述的话语？又如，"滚开"，这算不算是命令式，同时是不是至少也含有述行的成分？

本维尼斯特强调，这个新词是倚靠在"表现"（performance）这个法语旧词之上构造出来的："由于'表现'这个词早就已经出现在法语使用中了，因此把'述行'这个词以这种独特的意义引入法语中，并不会遇到什么困难。我们只是把英语当年借走的古法语词汇又引入了现代法语。"[5] 根据《克莱因英语综合词源词典》（*Klein's Comprehensive Etymological Dictionary of English Language*）所记载，英语是基于古法语的 *parfournir*（中世纪拉丁语形式为 *perfurnire*）来构造 performance 这个词的。根据阿兰·雷伊（Alain Rey）的《法语文化词典》（*Dictionnaire culturel de la langue française*）所记载，法语在这之后一共向英语借了三次这个词：在 1869 年时，根据赛马术语演化出了第一次借鉴，意思是指"展开一个主题的方法或在公开场合实行一项工作"；在 1953 年时，它又指"完成一项任务所获得的个人结果"；在 1963 年时，该词被乔姆斯基运用，与"语言能力"一词相对。这是一个不断在双语间变化的词汇，它集结了体育（成绩/记录）、技术（性能/机器的功率）、心理学（操作实验）、语言学（语言运用/语言能力）和现代艺术（行为/偶发艺术——别忘了英语里它在戏剧表现上的意思）。此外，我们也无法忽略 performance 作为绩效这个意思出现在法国舞台的中央，我们时常谈论起以成效为本的评估文化和管理文化，以及它的评定功能和指令功能，例如，"我呢，我在评估结果中看到了正绩效收益。如果没有做评估，那也看不到绩效"，或是"以绩效和结果为本的管理文化一直占据我管理行为的中心。我们不该对数据产生任何形式的禁忌，我总是主张最大限度的数据透明化"。[6]

让我感兴趣的，是我们用来以言行事的这种宽泛而普遍的方法，用奥斯丁自己的话说，就是 how to do things with words。这个问题包含了一个自古以来，在哲学、修辞术和政治之间的复杂关系。换句话说，应该深入挖掘表现和述行之间的关系，而我的落脚点是古代修辞术的一种独特之处：为智术所思索与践行的逻各斯的全能性。简单来说，智术的话语，是以言行事的一个范例。这或许不完全符合奥斯丁"述行"这个概念的意思，但这种话语确实操作、转换或创造着世界，而在这个世界里，蕴含着我称之为"效应世界"的东西。总而言之，本维尼斯特有关该词的定义和奥斯丁狭义上的述行，组成了作为行为的话语总集中的一个极端且微小的部分。

智术与奥斯丁以及话语行为理论之间的关系因为 *epideixis* 这个词变得更加具有吸引力。这个古希腊词在柏拉图的术语中是用来形容智术话语的，它能找到的最完美翻译就是 performance（表现），前提是我们对 performance 的理解也至少要包括现代审美所赋予的意义，比如偶发艺术、事件、要求参与度的即兴表演——斐洛斯特拉图斯在《智者言行录》的开篇部分就说道，高尔吉亚是即兴演说法的发明者：于是，他每一次开口说话都造就了一项杰作或壮举。

Epideixis

Performance 是对古希腊词 *epideixis* 最好的翻译。*Epideixis* 这个词是柏拉图用来形容普罗狄科、希庇亚斯或者高尔吉亚式的演说的，与苏格拉底偏爱的问答式对话相对。这种演说类似说话者由他本身而发，做的一场"演讲会"、一种"表演"、一种恰当的"表现"["塞萨利亚人（Thessaliens）尝试让自己高尔吉亚化，倘若克里提亚斯（Critias）也去那里为他们做了一场智慧的论证（*epideixis heautou sophias*），他们或许也会尝试让自己克里提亚斯化"]。这个词构造于 *deixis* 这个词根，表示伸出食指做指示的行为，但与哲学常用词汇 *apodeixis*（展示）不同。*Apodeixis* 是指"根据"已经被展示的事物来说明问题的技巧，尝试确认和建立它的属性，去"论证"它：我们要做的是让现象成为一个科学对象、"逻辑"对象。而 *epideixis* 是将事物放到"眼前"来展示，并且展示"更多"内容的技术，也就是 *epi* 这个动词前缀所带有的两个重要意义。展示在"眼前"，在公共场合展示在众人眼前（*epideixis* 也可以是修昔底德笔下的军队的布阵，或者是一场人群的集会）；但它也有展示"更多"的意思，趁着这个公开场合，展示事物更多的一面：炫耀卖弄这个物件，将这个物件作为一个例子或是范例，并"过分吹捧"它——正如总是说相悖赞美词的吕西安所说的那样——"以蝇作象"。在此过程中，说话者也拥有了"更多"的品质，成为富有才华的演说者，或是投机取巧的商人。从广义上来说，这确实是一种"表演"，无论是不是即兴的，无论是书写的还是口头的，这种表演总是大摆排场，总是针对公共场合的大量听众的；而在狭义上来说，它就是亚里士多德所定义的一种修辞术，一种有别于建议性和事务性雄辩术的富有辞藻的修辞术，无论是赞扬还是批评，这种修辞术都以追求快感为目的。在智术这里，表现和赞扬两个意思结合在了一起，并相互增强了各自的意义：高尔吉亚最令人难忘的表现（*epideixis*）（让他在雅典城内声名鹊起的单人秀）莫过于《海伦颂》，这是一场"赞美该被赞美的和责备该被责备的"公开表演，它为自荷马以来饱受不忠诚指责的海伦开脱了罪名。*Deixis* 的补充形式，也就是 *epideixis*，还拥有在对方心里删去一个原有现象，并随之填充进一个新的现象的能力，就好像魔术中消失在帽子里的兔子那样：现象成为逻各斯强大能力的一个效应。

在智术的指引之下，我们能够认识到我所称的"述行之前的表现"，我还将它称为语言的第三个维度（见表 15-1）。第三个维度：一方面，不是表述性的"谈论着"——依据哲学或者 *apodeixis* 所规定的真假法则、根据"论证"或是一个现象的展开、根据这个事物或者这个思想本身，由某物出发来谈论某物，准确来说，不是奥斯丁理论下的"言内行为"（"猫咪在门毡上"，真还是假？）。另一方面，不是说服性的"对某人说"（根据哲学指派给修辞术，修辞术又千辛万苦地想要压制智术而采用的说服性和非说服性原则）——奥斯丁称之为"言后行为"。但他从未用过"修辞术"这个词，有趣的是，他却利用修辞术举了几个例子来说明这个效果，比如"使信服、说服、阻止、愚弄或引诱他人上当"，斯坦利·卡维尔（Stanley Cavell）对他规避"修辞术"这个词质疑。但"为了说话而说话"——我再次引用亚里士多德这个谴责和排除智术的说法——却是一个褒义说法：它是以词造物的逻各斯论范畴，与表现密切相连。奥斯丁的言外行为只是其中的冰山一角，既是精华，又令人失望。奥斯丁早已预告过，他所举的这些例子都"靠不住"：新婚夫妇尖锐、低声和独特的那句"我愿意"，"我要将我的手表继承给我的弟弟"，"我给这艘船起名为伊丽莎白女王号"，"我跟您赌六便士，明天会下雨"……然而，很显然，它们之中有一个共同的、坚实的特性：说出这句话，既不是描绘我所做的事，也不是确认我做了这件事，而就是做这件事本身。言语的行为，我们现在理解了，不是说话这一行为，而是话语说出的行为，说出口的行动。当我们说出"话语既行为"[7]之时，正是这句话自己本身被执行了。

表 15-1　语言的三个维度

1 言内行为 谈论 哲学 正常陈述 "猫咪在门毡上" of saying 真理	2 言后行为 向……说 修辞术 "使信服、说服、阻止、愚弄或 引诱他人上当" by saying 说服	3 言外行为 表现 智术 "我致歉" "开庭" in saying 恰当性

"表现"的概念远远大于"述行"的概念，甚至从谱系的角度来看，"表现"更早地出现在后者之前：智术的话语性就是"表现"这个概念出现在"述行"之前的一个模范，最好的例子就是 *epideixis*。这实际上就是奥斯丁通过"语言行为"所提出的内容，这个概念将一开始被孤立起来提出的"述行"概念进行了普遍化："在完整的话语情境下的全面语言行为，说到底，就是我们一直试图厘清的现象。"[8]以至于从那时起，"说某件事"的言内行为早已是一种表现："'说某件事情'的行为带有的所有常规意思，我将其称

为言内行为的表现。"[9]

奥斯丁之所以对我来说如此重要，重要到让我将自己归入他的理论庇佑之下，源于他总结《如何以言行事》(*How to Do Things with Words*)一书的方法。他发明的"述行"这个概念使得他很顺理成章地能够"摧毁两种盲目的信仰[对于这两种盲目的信仰(这里是奥斯丁说的，我只是借用他的声音来说)，我必须承认，我倾向于抨击……]，它们是有关真和假的盲目崇拜，以及有关价值—事实的盲目崇拜"[10]。在智术那里，尼采早已宣称过，善与恶的边界已经被消除。因此，我认为也就是在这点上，从柏拉图—亚里士多德—智术这个三联体发展而来，至今还总是留给我们一些能够思考政治的东西：与真理的关系，与善的关系，与科学的关系和与道德的关系。汉娜·阿伦特早已理解了这一点，对她而言，按照真理来思考的人，早已涉足政治这个领域之外，然而，判断，尤其是审美判断①，却确实是一种政治的能力，或许可以说是最具有代表性的政治能力。在我看来，这就是对于一个众人皆知的相对主义的最恰当强调。

我需要补充一下，在表现和述行这个问题上，我们并不仅仅是要在陈述之物之下理解陈述这个行为，也不仅仅是要理解词语之下所陈述的主题和它出现的方式，这些事情柏拉图和亚里士多德早就做过了。柏拉图做这些事的方法宏大而文学化，他让苏格拉底负责他人的立场，并用讽刺的手法扭曲苏格拉底和他人之间的对话；亚里士多德则在《解释篇》的篇首就用语言学般的精准来定义了祈祷、命令和惊叹这些行为，并指出在陈述之下带出的那

---

① 此处是指康德所说的审美判断。——译者注

些陈述之物能够逃脱真和假的裁决。其实，在表现这个概念上，主体和陈述的方式都不比陈述之物本身拥有更高的重要性；而实际意义上的"话语"才拥有操控者和施行者的功能。这也正是皮埃尔·布尔迪厄(Pierre Bourdieu)在批评过分突出的话语表现力时所指出的重点，他认为这种做法会掩盖权力关系的真实性。[11]

很显然，这里要带出一个沉重的政治异议问题。接下来还需要知道这种异议是不是还停留在柏拉图主义之中。黑格尔在《历史哲学》(Leçons sur l'histoire de la philosophie)中说道，智术者是"古希腊的大师"，"大师"这个词在此处拥有两重意思：智术者开启了文化的先河，他们是教育家，是派代亚的大师；而与此同时，他们又是政治上的大师，他们构成了最初的城邦，组成了民主化的公民，分享和争论组成城邦的那些话语和观点，他们书写宪法和法律。这二者缺一不可：话语是全能的，我们需要学习如何使用它。话语的价值是一种使用的价值。准确来说这就体现在柏拉图对智术者的批评中：批评他们教授话语本身而不是教授真理；也批评他们以不同的方式教授每个人选取最适合他自己或是对城邦最优的话语，而不是让人们臣服在哲人王的脚下，让这位唯一的国王来裁定与命令善和真的法则。因此，表现性的话语其实是基于对相对主义和实用性的深思熟虑才确定自己的走向的。

于是，我们可以通过述行与表现的关系，以及它与完全语言行为的关系，来为它绘制一张谱系图。奥斯丁站在叶斯柏森(Jespersen)和叶斯柏森饱受争议的"原始语言"这个概念上，暗示说"从语言进化的历史角度来看，述行只在某些原生的陈述之后才出现"，通常以"暗示述行的形式，被包含在大部分明示述行之中(……)(比如说，'我将要去做'往往出现在'我承诺我将要去做'

之前）"[12]；与其说言有所述和言有所为是两极化的存在，不如说
它们是"历史进化"的产物。我建议将狭义的述行划分给可以顺利
衔接的三个时代，或者说三个模型，即异教的述行，也就是诗意
和政治；基督教的述行，带有宗教和圣事属性；以及社会化或社
会学化的世俗化述行。这三个时代组成了述行的三种模型，我们
可以分别举例说明："我都拜倒在你的膝下"，"这是我的肉身"，
"开庭"。第一句明显是我们最不熟悉的，因此我要多停留一会儿
来分析它。这是奥德修斯看到瑙西卡时说出的一句"俘获芳心的
话语"——"我都拜倒在你的膝下"，他只是这么说，而没有真正
做出祈求状伏在瑙西卡的膝盖前，因为他接着说："我极度害怕
抱起你的膝盖"。动动嘴皮子：在他全身赤裸，仅有一根带叶的
树枝遮挡在私处之时（当然他之后会放下这根树枝），这是唯一能
够抱起瑙西卡又不吓到她的方法。奥德修斯说出的这句俘获芳心
的话语难道不正像是述行的概念吗？总体来说，这个举动甚至可
以被归入行为型的框架中去，也就是"行动式"或是"行为式"：
"'我向您问好'可以被用来代替问好这个行为本身，再将自己转
变成纯述行的陈述。说'我向您问好'，就是在向您问好。"[13]当然
前提是要承认奥德修斯是这一理论的"发明者"，并不是因为他发
明了一个不真正问好的"问好"，或是他发明了第一个不做出祈求
姿势的祈求，而是因为他（奥德修斯也好，荷马也好）将我们的注
意力引到了用话语行为代替实际行为、代替物的行为的方法之
上，并强调了这种替代的有利性。奥德修斯和荷马为我们展示了
一种异教的述行，这种异教的述行要符合妥适条件，并以如下的
方式产生。这里，我们还需要为这个发明找到一个合适的环境，
这个环境必须是一个类比世界，拥有人神的相互渗透性。这个述

行是一个男人为一个女人发明的，是奥德修斯为瑙西卡发明的，
是一种最不吓人的抱起别人膝盖的方法，通过陈述一个有利的话
语来极端简化祈求这一动作："我拜倒在你的膝下。"这么说来，
异教徒只为自己授权，他就是自己的权威；与一神论者不同，异
教徒认为，他人，那个站在他面前的男性或女性，都有可能是
神。他对她说，"无论你是人是神，我都拜倒在你的膝下"，与此
同时，她对自己说，"现在，他看上去就像天界的神明大老爷"。
利奥塔说得有理："一个异教的神，可以是一个高效的叙述者。"
因为任何一个人都可以是作者，都可以为自己授权，都可以授权
自己成为神。当然，我们需要理解这和"要有光明"这种宗教话
语，以及与它的代用品之间的区别，比如，"这是我的肉身"这种
话语——我能说"这是我的肉身"，是因为上帝，唯一的上帝，他
是这么说的，并且授权我这么说，宗教这种机构保障了这位上帝
的资格。我们还要区分这与现代版的"开庭"之间的差别，"开庭"
暗含了一种司法权威委任于我的妥适条件，也得益于整个社会的
组构。以上就是以粗线条描绘的一段漫长的历史演化过程。

注释

[1]*Quand dire，c'est faire*，traduction fr. et introd. de Gilles Lane，Par-
is，Seuil 1970，p. 39；repr. Points Essais，1991，avec une postface de
F. Recanati. 法语译本来自《如何以言行事》第 1 版(牛津大学出版社，1962)，
但是当我引用英文时，是从第 2 版(1975)开始的，并且使用的是其在 1980 年
的重印版。这一版由牛津大学出版社出版，J. O. 厄姆森(J. O. Urmson)和
M. 斯比萨(M. Sbisa)对其增加了新的订正和索引。

[2]《Performatif-constatif》，*La Philosophie analytique*，Paris，Minuit，
1962，p. 271-281. 奥斯丁说他偏向于发明一个"新词"(而不是延用如 *operative*

这样的词），"这样我们就不太会把这个词和先入为主的观念联系在一起，虽然这个词的词源也不能完全被忽视"（*Austin*，trad. fr. p. 42）。

［3］*Austin*，angl. p. 6，*Cf*. fr. p. 41.

［4］E. Benveniste，« La philosophie analytique et le langage »，in *Problèmes de linguistique générale*，Gallimard，1966，t. 1，p. 274.

［5］« La philosophie analytique et le langage »，*art. cit.*，note 4 p. 270.

［6］参见 2009 年 1 月 22 日尼古拉·萨科齐（Nicolas Sarkozy）在关于国家战略科研创新发布会上的发言，以及 2009 年 5 月 28 日尼古拉·萨科齐在同法国安全部门、刑事部门以及国家教育部门主要人物会议上的发言。

［7］E. Benveniste，*art. cit.*，p. 274.

［8］Début de XII，p. 148，*Cf*. fr. p. 151. 此乃奥斯丁式分析的核心之一。

［9］Début du ch. VIII，p. 95. "我将'说某件事'的行动在任何意义上都称为执行（exécution）某种言说行为"（trad fr. p. 109），此处我们遇见了以执行来翻译表现的困难。

［10］Austin，p. 153［angl. p. 150］.

［11］*Ce que parler veut dire. L'économie des échanges linguistiques*，Fayard，1982.

［12］Austin，p. 92，puis 149.

［13］Austin，p. 100.

16

彩虹民族

普鲁塔克在评论梭伦(Solon)有关禁止诋毁死者的法律[《梭伦言行录》(*Vie de Solon*),21]时曾经说过:"不让仇恨成为永恒,是一项政治行为。"然而,如何能够在一个反人道主义的罪恶过去之上建立起一个可行的、符合实际情况的政治体系呢?或者借用那句被涂鸦在戴斯蒙德·图图(Desmond Tutu)位于开普敦的居所墙上的那句话,这句不可翻译的话是这么说的:"How to turn human wrongs into human rights?"①——如何用话语的力量来扭转乾坤?

首先我们要厘清事态。真相及和解委员会(la Commission Vérité et Réconciliation,CVR)的成立是南非种族隔离制度末期所颁布的一项法令的核心,这项法令旨在避免种族隔离制度瓦解后可遇见性的流血暴力事件,还旨在推动图图所说的"商谈和解的奇迹"。该委员会致力于建立一个新的民族——彩虹民族(*rainbow people*)。

有两个文本能够粗略地勾勒出这项进程的轨迹:第一个是《南非种族隔离基本法》,或者称为《1950年人口登记法案》;第二

① 作者认为这句话不可翻译,因为结尾的 rights 拥有双关语义,既表示"正确",又表示"权利"。此处尊重作者的考虑,不做翻译。——译者注

个是《1993 年临时宪法后记》。先来看看第一个，它由当时的英国国王亲自签署施行。

> 以国王陛下的名义，以南非联邦参议院以及议会的名义，颁布如下法令。
>
> 第一条
>
> ……………
>
> 第三款　"有色"人种是指非白种人和非当地土著。
>
> ……………
>
> 第十款　"土著"（当地的）是指事实上或被公认为来自非洲任何土著种族或部落的人。
>
> ……………
>
> 第十五款　"白人"是指从外貌上来看明显为白人或被公认为白人的人，除去以下情况，即虽然外貌明显是白人却被公认为有色人种的人。
>
> ……………
>
> 第五条
>
> ……………
>
> 第二款　总督有权通过宣布公报的方式规定且定义种族群体或其他用以将有色人种以及土著分级的群体。[1]
>
> ……………

接下来看看第二个文本，要知道，正是 1993 年的《日落条款》(*Sunset Clauses*)使得真相及和解委员会成立，并且在被联合国宣判犯有反人道主义罪的 20 年后，批准将种族隔离制度废除。

同时，赦免的承诺对避免流血暴力事件和维持自由选举权利的施行都起到了不可磨灭的作用。

　　目前的宪法在过去和将来之间架起了一座历史性的桥梁。过去的社会深度分裂，充满斗争、冲突、难言的苦难以及不公；未来的社会则建立在人权的重生之上，建立在民主以及肩并肩安宁的生活之上，还建立在全体南非人民的机遇和发展之上，不再考虑肤色、人种、阶级、信仰和性别。

　　要探索民族团结，全体南非人民的幸福生活以及和平，需要南非人民的和解，以及社会的重建。

　　接受这一宪法立下了坚实的基础，在此之上南非人民将超越过去的分裂和斗争。那些分裂和斗争严重践踏人权，违背人道主义，酝酿出代代相传的仇恨、恐惧、愧疚以及复仇。

　　如今我们能面对这一切，是基于理解的需要而非复仇，是基于补救的需要而非报复，是基于乌班图（ubuntu，人性）的需要而非迫害妄想。

　　为了促进这一和解与重建，对于过去冲突期间涉及政治的行为，疏漏以及违法现象应得到赦免。

　　通过这部宪法和这些承诺，南非人民将打开我们国家历史的新篇章。

　　上帝保佑非洲。[2]

　　为了从战争过渡到和解，有三项处置仇恨情绪的必要条件，即使这三项还远远不够：公正的政治制度、记忆的政策和话语的政策。对我们来说，相较前两项，第三项显然是最重要的。

公正：这里所说的不是一种惩罚性的公正(就像汉娜·阿伦特所说的那样，种族隔离制度属于"既不能惩罚也不能原谅的行为")；这里所说的是一种"修复型"的公正("和解")，甚至是一种"初创型"的公正(它创立了彩虹民族)，或者说是一种"过渡型"的公正[就如《泰阿泰德篇》(Théétète)里普罗泰戈拉进行申辩时所说，"从一个欠佳的状态过渡到一个更优的状态"]。它之所以能够施行是因为南非当时处在一个正确的时机下，这个 t 时刻与当年的纽伦堡不同，"没有征服者亦没有被征服者"。真相及和解委员会拥有一系列独有的特征：它是一个委员会而不是法庭，领导这个委员会的不是法官，而是一位诺贝尔和平奖获得者；它不推出惩戒措施，而是给出赦免的建议；与我们这篇文章最息息相关的部分，是它不预审各项案件，而是听取证人陈述、供述和讲述。

记忆：这与历史上的第一个赦免令——403 年雅典法令(décret athénien de 403)不同，雅典当时的这项法令是三十僭主独裁统治(tyrannie des Trente)和内战之后颁布的"遗忘令"("赦免"和"遗忘"在古希腊语中是同一个词)。[3]这里与之恰恰相反，赦免令是一项记忆政策：首先要建立起一个共同的民族记忆，之后在此基础之上建立一个尚不存在的民族——彩虹民族，有关过去的档案都被放在网上可随时查阅，还要进行各种宣传活动(委员会组织的在各城市的剧院里巡回上演的庭审，每周日晚还将进行电视演播——人们没有可能说出"我不知道这些历史")。但并不意味着要进行"过度回忆"或者无限放大这段记忆：根据委员会的报告，人们只需要获得"足够的真理"[4]，为了能够接下来共同生活。这些获得的真理被小心翼翼地与历史真相区别开来，很显然，它们是一种产出，一种基于话语的构建产物。

话语：这是这项法令的核心，在赦免的各种条件下它昭然若揭。这些条件被1995年7月组织起真相及和解委员会的这项法令定义下来，也就是在这项法令趁着种族隔离制度黯然日落时被提出的两年之后。以下三项法律条件明确了一种行为是否可以被赦免，即在满足了这些条件之后，才能够进行赦免（为了不对法令本身进行太大删节，这里我简单带过前两项条件）。

第一，此项行为必须发生在种族隔离时期（在1960年3月1日至1994年5月10日的坚决停止日）。

第二，必须是一种行为，一种疏漏（任何否定主义将不会——或者根据雅克·德里达用于南非问题时的先将来时——将不会已经成为可能），或者必须是一种在过去冲突过程中与政治目的相悖的违法行为[5]。

第三，"申请者必须完全揭露一切相关事实"，以至于赦免的定义变成了"用真相交换自由"。[6]我们需要注意，这种揭露不是一种"供认"，因为没有人强迫你这么做，也没有人强迫犯罪者开口说话。这正是这项法令的核心。这项赦免的主要条件带有苏格拉底式的"讽刺"意味，图图在很多场合提起过这个词：它让罪犯、坏人担任公职扮演好人的角色。确实是这样的，被赦免的罪犯成为普通公民或拥有道德良心的公民（在企业、大学、报社或政党内工作），他们不会被带到法庭上作为被告，不会被逼迫认罪，而是成为请求者、"起诉人"。他们起诉自己，为的是先将道德准则放在一旁，完全陈述所发生的一切，"打开"真实的壁垒。由于这项赦免不是一种"普赦"，而是按照各项行为逐一裁定赦免的决策，因此只有那些开口说话的人才是可以被赦免的；而他们也会因为掩藏事实而被处罚：由于每个人都能在叙述中得益，因此任何一人掩盖的事实都可能被他人揭穿。于是就出现了一种独特的话语行为：一种 statement，一种以真实面目自我运作的专有"供述"。

换句话说，这项新颖的政策是建立在一种话语政策上的，重点被放在作为行为和表现的语言之上。我们可以通过分析它的四个组成部分来描绘这一政策。

16.1　高尔吉亚—奥斯丁—图图

第一个组成部分是最具有决定性的，它牵涉到世界构建的问题，也就是"表现"所构建的"效应世界"。请允许我简单地展示一下《海伦颂》里的一个关键句与委员会报告中的一个小节之间的相似性。

> 逻各斯是一位至高无上的君主，他大音希声，大象无形。因为他能终结恐惧，逐去痛苦，产生愉悦，增强怜悯……

再来看看真相及和解委员会的报告里下面这段同样高尚的话。

> 将语言简单当作词语而不是行为是司空见惯的做法……委员会希望在此采取另一种观点。语言、话语和修辞能够行事：语言能够构建社会范畴，建立秩序。语言能够说服、辩护、阐释，能够理论和宽恕。语言构建现实。它鼓动一些人反对另一些人。[7]

我们可以看到，正如智术一样，当讨论到说话者和听话者之时，语言带有操作性，"能行事"，"构建现实"。

16.2　高尔吉亚—阿伦特—图图

第二个组成部分将智术师和亚里士多德经由阿伦特这条线路带到图图这里。它与在人性中构建人类有关，也就是说，在人的政治性中构建政治主体——这里牵涉到亚里士多德从智术师那儿习得的那些东西，他使用这些知识来反对柏拉图的哲人王概念。我们要理解政治的语言构建。

真相及和解委员会是智术—亚里士多德—阿伦特性质的，因为它再次人类化了所有来到委员会并被给予话语权说话的人。它将这些有罪的受害者，这些能够从容驾驭逻各斯、从容驾驭理性演说的动物，变成了政治性的动物，正如亚里士多德所说"比其他人更加政治化"。人类的特性被再次赋予了他们。他们不再是"狒狒"或是保持沉默的路人，更不是那些被自己犯下的罪名惊吓到而不得不百般否认，以求生存的沉默刽子手。

16.3　高尔吉亚—弗洛伊德—图图

第三个组成部分带有情感的宣泄和治疗作用：从普罗泰戈拉（"从一个欠佳的状态过渡到一个更优的状态"）或者高尔吉亚开始，经由弗洛伊德这条线路，到达图图这里。我只想简单强调一下 *logos-pharmakon*（逻各斯—药）这个主题在整个古代中的重要地位，并且再次将这种我们认为以矩阵方式表达的话语性治疗与高尔吉亚的《海伦颂》联系起来。

话语的力量与灵魂的配置有关，就如药理和身体机理之间存在关系那样，就像某些药能够让身体排出某种体液，某些药能治病，有些却要人命一般。如此，在话语中，有些让人忧，有些使人喜，有些令人惧，有些促人勇，也有些妖言惑众、毒害灵魂、蛊惑人心。

要看到高尔吉亚的逻辑化药理学说与委员会的指令性话语之间的关系并不是很难。在预审的各个卷宗封面上，写着 *Revealing is healing*（揭示，就是治疗），在每次公开庭审的横幅上都写着 *Healing our land*（治疗我们这片国土）。这项治疗的展开基于一种迷恋般地将种族隔离制度看作社会疾病的比喻，还包括一系列相关比喻，如综合征、体征、伤痛、杀菌、药物。言说，说话，*tell the story*，*tell your story*，*full disclosure*，就是强调开展一种既是针对个体也是针对群体的治疗（"*personal and national healing*"，"*healing through truth telling*"）[8]，在这个过程中，真理成为"社会灭菌剂的必要成分"[9]。但由于这里所说的是一种灵魂层面的疾病，而我们需要通过言说来治疗，因此这个问题最终变成了国家层面的精神分析问题，由国家来买单。精神分析被作为话语的表现：对于事物是否值得被更详尽地展开讨论这个问题，几乎已经没有疑惑了。

16.4　语义责任感：我们如何说话？

最后一个组成部分显然与我们讨论的智术问题关联性更小一些，虽然我们也看到，柏拉图因为意识到了普罗狄科与他相似的谨慎性而讽刺了后者；抑或是普罗泰戈拉因为阿喀琉斯的愤怒（*hē mēnis*）是阴性形式，与阿喀琉斯突出的男性气质不和，也与这种愤怒所产生的史诗的雄浑意境不符而感到气愤。[10]

这里要讨论的是在词语应用层面存在的责任政策：我们以我们固有的说话方式讲话时，造就了一个怎样的世界？说出的话和我们话语的行为是如何依次连接起来的？修昔底德早就已经注意到，stasis，雅典的那场内战也是一场词语的战争："我们在为这些词语辩白之时，也将会改变这些词语被使用时的意思。"25 个世纪之后，维克托·克雷姆佩里尔（Victor Klemperer）再次以语文学家的身份感受到了一种冉冉上升的纳粹主义："话语就好像小剂量的砒霜，人们毫不留神地吞下去，起初感觉没什么效果，过了一段时间，毒性就发作了。"[11] 这又一次与让·哈兹菲尔德（Jean Hatzfeld）在《在赤裸的生活中：卢旺达沼泽实录》（*Dans le nu de la vie，Récit des marais rwandais*）中搜集见证的那些令人震惊的节制感产生共鸣："一名幸存者说道，我该详细说明一项重要的观察发现：种族屠杀改变了幸存者语言中一些词的意思；另一些词的意思则被完全夺走了，那些聆听者需要提防着这些词意的紊乱。"[12]

一位追踪报道委员会的优秀布尔记者、作家，安特杰·克罗（Antjie Krog），引用了 1986 年大贵族安东·鲁珀特（Anthon Rupert）写给委员会主席彼得·博塔（Pieter Botha）的一封信："我以个人名义向您呼吁，重新考虑废除种族隔离制度的决定。这将会把我们的丑行公之于众。这会摧毁我们的语言。"作为回复，主席说道："我受够了这种'种族隔离'的鹦鹉学舌，我常说，种族隔离这个词的意思是友好邻里。"于是，它通过设问开启了自辩之路："历史很容易从政治问题演变成语言问题：我们又能对布尔语做点什么呢？"[13] 委员会自身也积极主动地将内战贴上文字的标签。这么说来，维和部队就"没能注意到自己的措辞用句"，人们含糊地将那些从事恐怖活动的罪犯以及那些使用合法、和平手段斗争的人都命名为"恐怖分子"，将这两类人都混淆归类在"杀手"这个范畴内。这就不难理解为什么那些受到传讯的年轻人总是向心理医生抱怨"现今的世道摧毁了过去我们利用自身的愈创经验摆脱心灵创伤的意义基础"。种族隔离制度下的话语于是就成了一种错误的药物，更偏向于 *pharmakon* 这个词所含的"毒药"这个意思："根据委员会的观点，政治家与维和部队官员在话语中使用的修辞术是 *reckless*(不谨慎的)和 *inflammatory*(挑衅的)，他们激励了违法活动的产生。"就好像给"最终解决方案"找了个委婉的说法一样，这一点也让一部分负责人坚称自己从未下令开展过杀戮：消除、除去(*take out*)，抹掉(*wipe out*)，清除(*eradicate*)，都不意味着杀戮(*kill*)，这中间一定有误会(*misunderstanding*)，头脑发热、行为过火或者一时起了邪念，不过这些都是次要原因。委员会反驳道："我们必须达成这个共识，这些词都是为了说出它们的精确本意(*exactly what they said*)而被造出来的。"

"说出它们的精确本意"：将词语带回到自己的本身。不但我们的言说是一个行为，而且词语说出的意思也是一个行为。能指、所指和所指对象，或者这么说，语音材料、意义和外延是一个整体。这里我不想多加讨论历史和各种学说所提供的繁复的分割法，我只想简单地说一下这项指令与亚里士多德的两个观点的相似性，它们分别是：智术难被对付的原因，以及智术对矛盾律的论证产生的阻碍作用——智术师声称，他们强调"存在于声音以及词汇中的逻各斯"[14]。这项迫使亚里士多德使用约束力而不是说服力的要求，暗示了话语的表现：行为的特征是说出被说出的东西，不考虑说话者的意图；甚至是说出所有被说出的东西，包括同音异义和语义含糊，因为覆水难收，被说出的东西已经是既成事实了。亚里士多德否定"智术"的论点就基于此建立：他们关注的是对手说出的话，因为他们对于任何词语或者句子都只注意词语本身，并且认为只要我们说出想说的词语，听到我们确实听到的语句，我们就不会脱离话语卫生的范畴。

对于这项极其特殊的话语政策，必须说南非在它的历史转折点做了一项实在是绝妙的发明。语言表现是彩虹民族的自主发明，拥有该词的所有格包含的两层意思，主观的和客观的，涉及话语在各个层次上的行动力。正如利奥塔所说的那样，"必须拓展诱惑这个词的意义（……）并不是收信者被发信者诱惑了。发信者，所指对象和意义在诱惑行为被实施之时，也受到了相同的影响"[15]——词语能行事。

注释

[1]P.-J. 萨拉查(P.-J. Salazar)的翻译，提到了"南非里库尔格的英勇语言学"(*Afrique du Sud. La révolution fraternelle*，Hermann，1998，p. 27)。这其实并非是一种定义，而是涉及再义化：涉及人们用词语构建的世界，这个世界又吸引了委员会的特别关注(见本篇文章第四小节"语义责任感：我们如何说话?")。

[2]*Amnistier l'apartheid*，*Travaux de la Commission Vérité et Réconciliation*，sous la direction de Desmond Tutu，éd. P.-J. Salazar，Seuil，2004，p. 304-305.

[3]法令规定了 *mē mnēsikakein*："你将不再回忆起往昔事件之恶"，而施恶之人也将得到死刑(*Aristote*，*Constitution d'Athènes*，39)。

[4] « *Enough of the truth … for* »，《Préface du Président》，Ⅰ，70，dans

Amnistier l'apartheid，*op. cit.*，p. 120.

〔5〕因为这并非出自我本意，所以我并不强调这和阿根廷的"必须服从法"交叉时显而易见的困难。

〔6〕《 Préface 》，Ⅰ，29，*op. cit.*，p. 95.

〔7〕Ⅲ，§ 124.

〔8〕V，§ 5.

〔9〕V，§ 12.

〔10〕Voir Protogoras，337ac；Aristote，*Réfutations sophistiques*，Ⅰ，14，173b17-22；*cf. Rhétorique*，Ⅲ，5，1407b 6.

〔11〕*LTI*，*la langue du* Ⅲ^e *Reich. Carnets d'un philologue*，trad. fr. E. Guillot，Albin Michel，Agora Pocket，1996〔Leipzig 1975〕，p. 40.

〔12〕Points Seuil，2002，p. 209.

〔13〕*La douleur des mots*，trad. G. Lory，Actes Sud，2004〔*Country of my skull*，1998〕，respectivement p. 367，p. 377，p. 135.

〔14〕*Métaphysique*，Ⅳ，5，1009a 20-22（*tou en tēi phōnēi logou kai tou en tois onomasin*）.

〔15〕*Le Différend*，Minuit，1983，§ 148.

17

女哲学家

　　男人、女人、哲学：怎样将这三个词串联起来呢？

　　这个问题重要到不能一言带过。我不知道女哲学家的确切定义是什么，但我知道，这和在阿富汗、伊朗、塞内加尔、中国、法国、美国等国家做一名女哲学家，并不是一码事。这是因为在不同国家，女性的定义是不同的，哲学家的定义也存在着差异（假设"哲学"这个词有意义的话）；有时也是因为这两类人之间的交汇点不发生在同一个领域，或者简单来说，根本没有交汇点。倘若我们没有权利享受教育，抑或是没有在做哲学之前学习哲学史，所在的大学既没有性别研究（Gender Studies）的专业，也没有将哲学史建立在比较文学之上，那么女哲学家这个词的意义就更加不同了。女哲学家的身份首先是一个与所处环境和反叛精神相关的战略性身份，它和"平权法案"（affirmative action）有很多共同之处，都与某个时空内的一个特定形势或一个特定时机有关。因此，虽然我们不知道女哲学家这个词是什么意思，但我们还是说：我们都是女哲学家。[1]

　　我现在谈论的是全局意义上的"女哲学家"，谈论这个词本身。以不同的性别遨游在哲学的普遍单一性中，探索真、美、善这些概念，意味着什么呢？琳达·诺克林（Linda Nochlin）于1970年写了一个奠定女性主义艺术批评思想根基的文本，标题极具挑衅的意味(挑衅是针对讽刺的一种武器):"为什么没有伟大的女艺术家?"您马上会明白我想说的是,"为什么没有伟大的女哲学家?"[2]很显然,这个问题的一部分答案就在这个问题提出的方式上:之所以没有伟大的女艺术家/女哲学家,是因为自古以来,女性都没有享受过有利于她们生产、展示和地位提高的必要条件。卡米耶·莫里诺(Camille Morineau)是负责"elles@-pompidou.com"这场展览的专员,她如此介绍这场令人难忘的展览:"选择展品的首要标准——只选择蓬皮杜艺术中心里女性创作的藏品——是藏而不宣的。博物馆仅仅展示女性作品的目的既不在于证明某种女性艺术的存在,也不在于产出一个女权产物,而是要向公众展示,(女性创作造成的)这一碰撞好似20世纪的一段美好艺术史。"[3]换句话说,必须让(性别)差异来加强这个普遍单一性,这个有或没有她们、存在或不存在差异的普遍单一性。

我不确定这对艺术来说成不成立,但我认为这对于哲学是不成立的。所谓的哲学普遍单一性,会根据性别的不同而受到影响。它不单单是被现代化、被更新和"20世纪化"了。如果说女性(艺术家)带来的这一碰撞就像20世纪的一段美好艺术史,那么我不相信女性(哲学家)发表的文章就像20世纪的一段美好当代哲学史,它们更像另一种形式的哲学(常常被冠以"……的哲学史""为……而做""那一种"这些字眼)。

以下就简单讨论一些由性别差异造成的,冲撞哲学普遍单一性的情况。我使用高尔吉亚的《论不存在》中的格式,将它们按顺序一一展开。

第一,于哲学家,这里是说就男性哲学家而言,历史上没有女哲学家[自希帕蒂娅(Hypatie)至汉娜·阿伦特,女哲学家的数目是微不足道的]。

第二，即使从古到今有女哲学家，她们也不完全归属于现今的哲学史。

对于 20 世纪或 21 世纪的西方哲学来说，我只举几个例子。莫妮克·大卫·梅纳尔(Monique David Ménard)提出的纯粹理性中的"疯狂"这一概念①就是一种完全不同的康德解读。卡特琳·马拉布(Catherine Malabou)笔下的可塑性概念②也提出了一个不同的黑格尔解读视角，而我认为我也通过对智术逻各斯主义的研究，改变了对古希腊人的解读(相对于由海德格尔主导的当代哲学史)。我们或许可以说，女性学者从边缘化问题着手，并将它们连同问题事物、令人困扰的事物一起带到学术的中心，改变了看待历史和概念的视角。我引用马拉布的话来说："女性可能没有发明哲学问题，但是她们制造了麻烦。她们无处不在，阻碍哲学家和哲学符号的正常运行。不可能成为女性变成了哲学的不可能。"[4] "不可能成为女性"的意思是"成为女哲学家的在哲学上的不可能"，这与否定女性本质、否定归化密切相关。

17.1 性别渗透性

我想从自身出发，评论这项迁移的不可能性，并再做分析。

---

① 参见梅纳尔的作品 *La folie dans la raison pure*。该作品的名称可被译为《纯粹理性中的疯狂》。——译者注

② 参见马拉布的作品 *L'avenir de Hegel：plasticité, temporalité, dialectique*。该作品的名称可被译为《黑格尔的将来：可塑性、时间性和辩证法》。——译者注

第一是评论。这种不可能性(是不是单纯地说成为女性的不可能,还是早已暗含了成为女哲学家的不可能?),成为哲学的不可能。首先是因为它液化了哲学;它让哲学变成了已经不再本质化或已经不再可被本质化的东西。我将它称为性别渗透性,这个表述既有文学意味又带有所有其他的意思。女哲学家消除了性别的隔阂(准确来说,这也就是智术以它自己的方式做的事情[5])。我们将不再说"女搞文艺,男搞哲学",但愿我们也将不那么顺理成章地说出"这属于文学,那属于哲学"。请允许我举一个例子表明什么叫作使普遍单一性复杂化和消除性别隔阂。在我当年想出版那本"硬哲学"(就像我们谈论"硬科学"一样)的《智术效应》(涉及古希腊哲学与当代哲学之间的关系)之时,还想同时出版一本短篇小说集,因为这两部作品说的是同一件事。短篇小说集主要讨论我们能对词语做些什么,或者用奥斯丁的那个标题来说,"如何以言行事"。对我来说,这和古希腊哲学以及智术的逻各斯主义密切相关,也和我们的日常生活息息相关。这本小说集的题目是《最小和最微不足道的躯壳》,出自高尔吉亚用来描述逻各斯——话语——的一个句子。但我当时根本没有办法同时出版这两本书,因为所有的出版社都拒绝,拒绝一个本身在哲学界就很难被认可的女哲学家,企图同时出版一本混淆文体的短篇小说集,混淆哲学和文学两种体裁。

换而言之,有关学科的关系,有关社会身份的关系,都是浮动的点。不存在女的本质,也不存在女哲学家的本质,倘若一个水文工程师要加入我们女哲学家的"圈子"里来,也是很正常的事。创立新的标准算不算是"正常的"?说到底,这个问题与下面这个立刻被提出的问题也有联系:一个男哲学家能否加入一个女哲学家圈子里去呢？一个男人是否有可能成为女哲学家？我的回答是"可以的"，这是一种理解性别渗透性的补充方式。

17.2 "不要战胜，也不要说服"：*Græcia capta* 模型

那么好：在各个意义层面上的性别渗透性。（因为）我们所拥有的与普遍单一性、与本质以及与种类之间的关系是不等同的：于是我认为，我们和掌控这个概念之间的关系也是不同的。掌控，在我看来——在我这个女哲学家的眼里（我再一次申明这是在我理解范畴之内的意思）——不是它所表现出的那样一种价值。我希望可以用雅克·拉康的一句话来帮助我说明，拉康是一个男人，一位精神分析师（一个男人，一位精神分析师，是不是能够成为一个女哲学家呢？几乎可以说是肯定的）；他是这么说的，"精神分析的特性不是要去战胜，不论带不带 con 这个词缀"①[6]，意思是说，不要战胜，甚至不要去说服。对女哲学家来说，我想这不意味着要去征服其他人，甚至去说服他们：就好像精神分析与日常话语之间的关系，我们只需要转换模式。

我们要做的不是去战胜，我们只需要拒绝那个长久以来我都惬意地生活在其之下的陈腐模式。我用贺拉斯（Horace）针对古希腊和古罗马所说出的一个拉丁语句来概括一下：*Graecia capta*

①　拉康此处玩了一个文字游戏，原文为"Le propre de la psychanalyse, c'est de ne pas vaincre, con ou pas"，直译的话就是这里的译文。但 vaincre（战胜）这个词加上前缀 con 以后表示说服，意义上较原词更弱，有让步的意思。该小节的标题的前半部分，采用了这句话的后半部分，根据作者的意图，取了意译的译法。——译者注

ferum victorem cepit，"被俘的希腊人俘虏了他们凶残的征服者"[7]。Græca capta，你们都看到了这其中的"a"这个字母，这说明是阴性的，完全是女性的，而古罗马呢，*ferum victorem*，是男性的。因此，在我看来，正是这种模式才使得女性长久以来都认为只要战胜就足够了，而战胜呢，她们总是能够取得的。以被战胜的身份去战胜，通过俘虏征服者的手段去战胜，就好像她们那些靠耍心机、迷惑他人所得来的胜利都是通过她们的事先屈服而得来的，而事后，这些胜利(的成就感)又远远超越了她们之前所受到的屈辱。对我来说，如今我(对这种胜利)没那么确信了，这不仅仅是因为这里涉及一个源远流长的，为这些恶劣的俘虏开脱恶名的意识形态。我希望这么想这个问题：我们根本不需要去战胜，但确实需要转换模式，停止战争；我们能够通过诉诸武力以外的方式来构建和平。

17.3　"身为语文学家"/"身为女人"

汉娜·阿伦特，记录艾希曼的审判的那位记者/哲学家，她并没有说"我是一个女哲学家"，而是说"我是一个 *femini generis* 的犹太个人"①。我希望女哲学家能够以女性哲学个体的身份被人认同。我曾经有过在法国参加刑事法庭陪审员的经历；我看到过公正的女性，女法官、女律师、女检察官，全是白人，她们审判着"黑种或混血"的男人，这几乎占据了大约 80% 我所见的情况。似乎一个女哲学家见证这些事并产生思考的行为，与

————

①　这句话中的 *femini generis*，指女性出生，或女性。其中，*generis* 的拉丁语原型为 *genus*，表示出生、血缘或种类。——译者注

阿伦特当年以犹太人的身份出庭记录艾希曼的审判有着同样的作用。我们必须很好地将作为女哲学家这个事实与某种类型的女性统治观念做权衡，也同样需要与某种类型的男性统治观念做权衡。

我希望再次讨论我的个人经验，并继续调查研究不能成为女性和哲学的不可能之间的关系，我将通过《性关系不存在：有关拉康〈健忘者说〉一书的两条经验》(*Il n'y a pas de rapport sexuel. Deux leçons sur «L'Étourdit» de Lacan*)来讨论这个问题，这是我与阿兰·巴迪欧(Alain Badiou)通过 20 年的出版和友谊合作，近期新写的一本书。在我们共同写的引言中，有这样一句话："以至于对于拉康的《健忘者说》一书(……)，哲学家无论如何都可以说，我们观阅的是一种柏拉图的阳刚和智术的阴柔之间的新冲突或是新分配。"这句话应该被这样拆分理解，即"柏拉图的阳刚"(或者说"思辨的阳刚")，"智术的阴柔"(或者说"批判性和述行的阴柔")，这就是巴迪欧发明的哲学—男人所包含的两个意群。"哲学家无论如何都可以说"，这是我思虑过后补充进去的。这么做，就将以下这点考虑了进去，哲学—男人认为哲学家，也就是说男人，是柏拉图。我则在智术中充分认识到了批判、对语言的关注、表现和话语行为理论。但问题在于：我是不是身为女性认识到了这些东西，还是说我是以哲学家的身份？这里的问题真的是将智术"女性化"，还是将智术作为哲学普遍单一性的修改者？当我研究智术，研究它与语言、批判和表现之间的关系时，我该将这看作女性的工作还是哲学家的工作？

准确来说，我既不会也不能回答以上这些问题。或者说，我只会以下方式来回答。当有人对我说(有人是指哲学—男人)

"你作为女性，采取女性的立场来谈论这个问题"之时，我将这么回答："不，我是作为哲学家来谈的。"事实上，我并不是以女性的身份，而是以哲学家的身份来对语言表现以及它对哲学普遍单一性、真理、事实所造成的混乱产生兴趣的。但当有人对我说"你是作为哲学家来谈论问题"之时，我将这么回答："我是作为女性来谈的。"我是以我的女性身份来对奥斯丁(当然他是男人)所说和所做的"*play old Harry with the true false fetish and the value fact one*"①[8]感兴趣的。这是我拒绝别人给我分配本质的方式：我只接受一种反叛性的分配。我正是用这句"是的，但不是你说的那样"来使性别差异搅乱普遍单一性的。

现在我再回过头来谈谈马拉布提出的不可能性。女性"阻碍哲学家和哲学符号的正常运行"并且将"不可能成为女性"变成了"哲学的不可能"。如果我们接受这个观点，那么我担心，除了将男女之间的差异用哲学/反哲学的差异来对应之外，没有比它更简单、更适宜的方法了。准确来说这就是巴迪欧作为男哲学家完成的柏拉图主义的工作。"那些自诩为反哲学家的人，如维特根斯坦，拉康，以及实际上寄于智者名下的芭芭拉·卡桑，不过是借助一样全新的事物向哲学发起了独特的挑战，他们宣称这项新事物揭穿了哲学的自命不凡，因为哲学'遗忘'了它或对它失察了。"[9]用一个全新的柏拉图来讲述智术，将一个边缘化的问题带到学术中心来，这是个毫无益处的工作，即使有，也是与我作为一个女哲学家产生完全相反效应的一种利益，它

---

① 该句的意思为：毁灭对真/假二分法和价值/事实二分法的盲目崇拜。——译者注

强化学术主流的中央地位，并借由批判的方法来再次提出普遍单一性和真理。巴迪欧，作为男哲学家，他所带有的柏拉图主义力量旨在串联起以下概念，智术(或所有对中心造成损害的事物)—女性—反哲学(是指我们再次明确地认识到，一部分的哲学—男人确实是女哲学家——尼采，维特根斯坦，当然还有德里达)，以及所有妇女将掀起的浪潮和麻烦事、所有她们将要掷出用于阻碍哲学车轮的棍子，而这一切都只是徒劳无功罢了。然而，如果有个机器的轮子确实需要插根棍子进去搅乱一下，那一定就是我们所说的(哲学)这辆车。这真正表明了为什么对于身份指定的转义变化(作为女性/才不是，是作为哲学家/才不是，是作为女性)造成了战略上的困扰，或者说，无论如何，它想给人造成困扰。

这是一种反叛的身份，而不是带有某种本质的身份。哲学变成了不可能? 还是说它变革了? 如果我们要对这个问题做个答复，我很想说: 变革了，我不能像马拉布那样总结出，"将自己想成是绝对的，隔绝的，绝对隔绝的。我在一种绝对的孤寂中穿行于哲学空间"[10]。我更想说: 哲学没有死，它只是被搅乱了。在这块无女之地(*no woman's land*)上，生长出一片女哲学家的田野。伊莎贝尔·斯唐热(Isabelle Stengers)和温茜亚·德普雷(Vinciane Desprets)将她们称为"历史的女破坏者"①[11]……

----

　　① 该短语是斯唐热和德普雷合著的一部作品的题目，法语原文为 *Les faiseuses d'hitoires*，其所对应的是 19 世纪法语中的短语 la faiseuse d'anges，是指暗地里为人中断妊娠，帮助其引产的妇女。因此，考虑到这个词的贬义用法及其在法语中的特定意义，此处译为"破坏者"而不是"制造者"。——译者注

注释

[1]见联合国教科文组织关于女哲学家的网页以及刊物，如 http：// www. unesco. org/new/fr/social-and-human-sciences/resources/periodicals/women-philosophers-journal/（访问日期为 2014 年 5 月 20 日）。

[2]Catalogue de l'exposition，《 *elles@centrepompidou* 》：*un appel à la différence*，p. 15.

[3]*Ibidem*，p. 16.

[4]*Changer de différence. Les femmes et la philosophie*，Galilée 2009，p. 128.

[5]此处陈述《智术效应》中的结论（Gallimard，1995）："……试想如果我们最初的世界不是自然的而文化意义上的，一个被生产出来的世界。在一份 1888 年的遗稿片段中，尼采写道：'巴门尼德说过，我们不去思考不存在的东西'，而我们则在另一个极端，说道'不可思之物一定是一种虚构。'我将这一切概括为：本体论造成的祛魅消除了对逻各斯种类的隔膜。"

[6]*Encore，Séminaire XX*，[1972-1973]，Seuil，p. 20.

[7]*Epodes*，2，1，156. 接下来的一句是：*et artis intulit agresti Latio*。意思是"并且把艺术渗透进 *Latium agreste* 中"：女性通过精神的滋养以及礼仪的养成将天生粗琢质朴的男性变得温和，二者本该是拥有许多共同点的。

[8]J. L. Austin，*How to Do Things with Words*，2ᵉ éd. angl. 1975，Oxford U. P.，p. 150（*Quand dire，c'est faire*，trad. et introd. de Gilles Lane，Paris，Seuil 1970，p. 153）.

[9]*Il n'y a pas de rapport sexuel*，*op. cit.*，p. 106.

[10]这是马拉布的书中的最后一节。

[11]这是一本书的标题，该书的一部分是合作完成的，Les Empêcheurs de penser en rond 出版社，2011 年。

18

结果相对主义

　　我对普遍单一性的怀疑态度主要受到阿伦特思想的影响，直接根植于"政治哲学"领域。在高斯(Gauss)对其进行的访谈中，阿伦特拒绝人们称她为"政治哲学"的专家：她惊呼道，自柏拉图以来，"这已经不再可能了!"在她看来，从柏拉图到海德格尔，哲学与独裁之间的相近性来源于一种"专业的畸形"。政治实务，抑或是政治理论，都不能用普遍性或一般性来定义，而应该由多样性和个体性来定义。在《思想日记》(*Journal de Pensée*)中，她提出了这个问题："什么是政治?"在此之后她又回答道："第一，政治基于这一事实：人的多样性。上帝造了人，众人是人的世俗产物(……)。第二，政治将一致性和相关性当作不同的存在来对待。"[1]关键之处就在于极权主义："如果个人是哲学的话题而众人是政治的主题，那么极权主义意味着'哲学'对政治的胜利，而不是相反的。"[2]我个人对普遍单一性和普遍概念的怀疑态度，确实与对"哲学胜利"的恐惧有关。

　　我对普遍单一性的看法与我对"太一"(l'Un)的看法一样差。多元的、多样的神明(我很乐意称自己是异教徒)，是自由和语言的承载者。自由和语言则都属于被阿伦特称为"世界的摇摆多义性"[3]的东西，她认为这是人的最优境况。洪堡(Humboldt)说，语言的多元性与神明的多样性(它所包容的是众神，而不是教会唯一承认的那个上帝)是相似的。

或者这么说，我只能在一个条件下接受普遍单一性，那就是要深刻理解它为什么是相对的，又是如何相对的。普遍意义上的"好"不仅仅停留在"好"这个层面上，而应该是在此时此刻"更好"。这里所说的普遍意义是指特定情况下的普遍性，就如真相及和解委员会所做的那样——"只需要足够的真相"来维持彩虹民族的存在。在此时此刻，在世界的某一个角落，人权的普遍性或许是一个好的普遍性，甚至是最好的、最不可缺失的普遍性。如果事实如此，我很愿意为之抗争。或许是以"就如同"的名义来抗争，就如同什么呢？就如同这个普遍性是一种大写的唯一普遍性，就这么简单。但我不再相信大写的善、大写的真和大写的概念。它们只是为了使用而编造出来的普遍性。它们既被用在最好的情况下，也被用在最坏的情况下，每个人都声称自己的普遍性比别人的更普遍。当然，倘若遇到普罗泰戈拉所说的"状态转换"问题，也就是从一个欠佳的状态转换到一个更优的状态时，我们确实需要使用和支持这种普遍性。

那么说到底，什么是相对主义呢？这不是对价值观的否定，也不是认为一切都有价值，而是要否定无论在何时何地都亘古不变的价值观。

普罗泰戈拉的那句话，是自柏拉图以来，在所有哲学史中最能够代表相对主义观点的话。"人是万物的尺度"（*pantōn khrēmatōn anthrōpos metron*），这就是那句让后人费尽墨水来大书特书的短句。

当柏拉图笔下的苏格拉底在"有关科学"的《泰阿泰德篇》中提起这句话时，他还给这句话找了个对等句："猪猡或是狒狒是万物的尺度"（161c）。接着他又后悔了："普罗泰戈拉或许会这么说：你真是大言不惭啊，苏格拉底。"他想象了一下普罗泰戈拉倘若在场，会怎么答复。在我看来，这就是我们能提出的，也是最切实的解读相对主义的方法。下面就是借苏格拉底之口的普罗泰戈拉所说的一段话。

> 我的确主张，真理就是像我所写的那样。我们各人都是"是的东西"和"不是的东西"的尺度，但是，一个人跟另一个人之间有着极大的差异，对这个人而言"是"并且"显得"这样，对另一个人而言"是"并且"显得"那样。我的意思远不是说，智慧和有智慧的人不存在。相反，我说，如果我们当中有人可以把对一个人"显得"并且"是"坏的东西变成对这个人"显得"并且"是"好的东西，那么这个人就是有智慧的(……)需要做的是向另一个状态改变，因为另一个状态是比较好的。所以，在教育当中，我们需要做的是把比较差的状态变为比较好的状态，不过，医生通过药物来改变，智者通过言辞来改变。这并不是说，有人可以使某个以前认信假的东西的人后来认信真的东西(……)当灵魂的状态是良好的，它就会认信别的与之对应的东西。这些印象，有些人由于缺乏经验而把它们叫作"真的"；我则认为后面这些信念比前面的"更好"，而不是"更真"。至于智者，苏格拉底，处理身体这方面的，我叫作"医生"；处理庄稼方面的，我叫作"农夫"。因为我认为农夫也是一样的，当庄稼枯萎的时候，他们使它克服不良的感觉，获得好的、健康的感觉——也就是真的感觉。同样，有智慧的和优秀的演说家使得好的东西而不是坏的东西对城邦显得是正当的。按照这个方式，一些人的确是比另一些人更有智慧，而且没有任何人相信假的东西；而

你，无论愿不愿意，都必须担当尺度。[4]

普罗泰戈拉从根本上改变了游戏规则：他从真假二分法过渡到了比较级——"更好"。我们于是理解了，大写的真理是不存在的，它只是柏拉图主义中的一个理念，借它之手，让哲人王胜过一切、反对一切（当然也反对所有女性），在普罗泰戈拉看来，只存在"更真"。这不是一个绝对的概念，而是一个比较级，更确切地说，一个特定的比较级："最真"的那个也是"对……更优的"。因为最优往往被定义为"最有用的"，最适应条件的（那个人，那个环境，所有组成被希腊人称为 kairos 的东西，那些"时机"）。于是我们在这里找到了以人类做尺度的 khrēmata 的确切意义，这个词不是指"事物"，也不是指"存在"，不是物质、本质或理念，而是我们所利用的、使用的、耗费的物件，是那个明显包含着语言和话语行为的"宝库"。

在这种视角下，外表之下找不到存在["是—和—外表"（est-et-apparaît）是一个意群]，在多元的上游和下游都找不到那个"太一"。莱布尼茨所谓的用以统一单子的上帝视角是不存在的。然而，自索卡（Sokal）、布里克蒙（Bricmont）到让-保罗二世（Jean-Paul II）和拉青格（Ratzinger），现代所有讥讽相对主义的人都没有看到这一点，那就是，所有观点都不具有等同的价值。因此，无论是在教育领域还是政治领域，无论是针对个体还是针对城市，都应该让大家有能力偏爱"更好"，了解到什么是"对……更优"。哲学并不旨在于世界范围内强加那个大写的真理（或是强加那个普遍真理）。它旨在帮助不同人找到更优的选择。这就是相对主义最精妙的地方，也是它最客观的地方。它总是明显地反对武断的评判："1968 年五月风暴将知识和道德方面的相对主义强加给我们，五月风暴的继承人强调一切皆

有价值，善和恶、真和假、美和丑之间毫无差别。"(尼古拉·萨科齐，在贝西的发言，2007 年 4 月 29 日)

这一特定的比较级，将背景化了的特殊性考虑在内，在我看来，它定义了文化和政治的任务，也就是不寻求一个完全好的政治，而是寻求一个"更优"的文化政治。更优的文化政治不以在世界范围内强加那个真理或者强加那个普遍的真理为目标。它旨在帮助不同的人找到更优的选择，在我看来，这就是和平的文化：帮助不同的人寻求更优。换句话说，普遍性，在我一个女哲学家的眼里，是一种战略而不是一种决定性的和终极的价值观；或者说，更优的普遍性是复杂的、多元的、相对的。结果是这样的，我们立足于被认为具有普遍性的真理来发起更好的抵抗，甚至我这么说，我们立足于普遍性来更好地抵抗普遍性。

那么，谁是裁判呢？答案是：每个人。于是，普罗泰戈拉总结道："你必须要忍受做 metron，尺度，标准（这一事实）。"(《泰阿泰德篇》，166b-167e)这里我们又回到了阿伦特，回到了将审美判断看作最好的政治能力上来。我与普遍性的关系不是主观的，而是完全相对的。

注释

[1] *Journal de pensée*，août 1950 [21]，trad. fr. S. Courtine-Denamy，Seuil，2005，vol. I，p. 28s.

[2]*Ibidem*，novembre 1950 [16]，p. 57.

[3]*Ibidem*，novembre 1950 [15]，p. 56.

[4]Platon，*Théétète*，166b-167e，c'est moi qui souligne.

19

共识（部分和全部）

我想从古希腊出发,针对我们政治和哲学想象中的一个关键概念发问,之所以说它是关键概念,是因为它似乎起着构建我们的政治成熟度和现代性的作用。那就是共识的概念(在古希腊语中,是 *homo-noia*),也就是说部分与全部的联结。我想从柏拉图和亚里士多德使用的城邦比喻出发[我只限制自己讨论柏拉图的《理想国》和亚里士多德的《政治学》(*Politiques*)]:城邦,是否像灵魂和身体那样,是一个等级化的有机体?还是说它拥有多元性和多样性,是一种大杂烩,就如野餐(pique-nique)①那样?

19.1 城邦中市民的痛就如同人手指头的痛

老实说,与其说柏拉图用的是比喻,不如说是夸大或缩小事实。面对定义正义的困难度,苏格拉底事实上用了一个权宜之计:"假定我们视力不好,人家要我们看远处写着的小字,正在这时候有人发现别处用大字写了同样的字,那我们可就交了好运了。我们就可以先读大字后读小字,再看看它们是不是一样。"城邦中的正义和不正义,于是就被置换成鼠目寸光般的个体正义和

① 该词是对 ta sumphoreta(参加者每人各带一菜的百乐餐)的翻译。——译者注

不正义问题。在告示了这一迁移置换之后，这一从城邦到个体的"迁移"（épanaphore）就从《理想国》的第 4 卷第 11 章处开始了，为的是让大家看到，城邦确实知道如何让正义的"原理和模范"变得可理解（*arkhēn te kai tupon*）(《理想国》，第 4 卷，443b)。

但事情远没有那么简单。因为当苏格拉底在城邦的大剧院中粗略地定义正义之时，他不得不不断地提起"个人"和"个体"这两个概念。我这里举一个关键的例子：四大美德之一的 *sophrosunē*，在他看来，是"完美"城邦的"明显"标志。(427e)这个古希腊术语我们总是习惯将它翻译为"节制"，正是因为它带有明显的"心理学"色彩。苏格拉底说道，节制是"一种针对愉悦与欲望的秩序和支配"(430e)。为了更好地解释这一点，他用了这个词——"成为自己的主人"："我认为这种说法的意思是，人的灵魂里面有一个较好的部分和一个较坏的部分。所谓'自己的主人'就是说较坏的部分受天性较好的部分控制。"(431a)正因为这一点，苏格拉底建议我们"转眼（*apoblepe*，431b）去看""有节制"的城邦。他想让我们看到，是那个更好的部分在指挥城邦运作，就如在人身上一样，更好的部分在指挥着欠佳的部分。于是我们不再对迪厄斯的建议感到惊恐，他谈到了"社会的正义和个体的正义，城邦的秩序和灵魂的秩序"："我们于是不需要再质疑哪个是主要主体，哪个是次要主体，因为只剩下一个主体……"当然我们需要加一句，这个统一的主体就是灵魂的统一。灵魂确实从未停止过成为城邦的一个类比，它让城邦这一概念变得更容易理解，它使我们能够认识到"躯体""阶级"和"种姓等级"（*ethne*）之间的区别，并认识到它们的不同功能和所对应的美德：城邦是它的比喻，而不是说它是城邦的一种比喻。

于是，在"先有城邦后有灵魂，还是先有灵魂后有城邦"的问题里，能够分出三个部分，"相同数目下的等分"（《理想国》，第4卷，441c）："决策部分"(to bouleutikon)是以城邦中的"执政者"或"老练的守护者"为代表的，在灵魂中，它是指"逻辑规则"(ho logos, to logistikon)，相对应的美德是"智慧"(sophos)；"协助者"(to epikouretikon)在城邦中是指"战士"，在灵魂里是指"精神"(to thumoeides)，所对应的美德是"阳刚"或"勇敢"(andreia)；最后是与"客体相关的部分"，在城邦中是指生产者和商人，在灵魂里对应"欲望"(epitumetikon)，其所对应的美德，准确来说就是"节制"。

节制与其他两种美德不同，它的独特性使它更接近那神秘的第四种美德——也就是这篇对话录谈论的对象——正义。确实，它并不只是城邦或灵魂中的一个部分，而是成为一种"共鸣""和谐"(430e)："它贯穿全体公民，把最强的、最弱的和介于这两者之间的人都结合起来（不管是指智慧方面，还是指力量方面，抑或是人数方面、财富方面，以及其他诸如此类的方面）。"(432a)就在这样的条件下，苏格拉底引入了 homonoia (共识)这个术语："因此我们可以肯定地说，不管是在国家里还是个人身上，节制就是天性优秀和天性低劣的部分在'谁应当统治，谁应当被统治'问题上所表现出来的一致性和协调性。"他将正义定义为每个人、每个阶级、每个市民、灵魂的每个部分都"做他们所该做的，而不和其他人该做的相混淆"，并且各归其位，这就是这个术语在各个层面上的全部意思。如果说正义是结构的美德，它保证了分类学的稳固，那么 sophrosunē——我们建议将它翻译为"掌控"（在利德尔、斯科特和琼斯[1]那里叫"自控"）——所对应的，就是等级制度的美德，它确保了个体灵魂作为社会灵魂（总比躯体要说得通）的统一性。相比主人或统治者，这一美德对于奴隶来说显然更难获得，因此它也更具特色。我们讨论的那著名的"节制"，就是等级制度所带来的意义。

我们一定也能理解，这里谈到的问题并不仅限于：让《理想国》里提到的随便哪个阶层，比如说守卫阶层，都能获得"不同程度上的幸福"。而应该是简单地确保"整个城邦尽可能多的幸福"（《理想国》，第 4 卷，420b），这就好比莱布尼茨所说的那个上帝，他并不能仅仅指望通过筹谋柳克丽丝（Lucrèce）一个人的命运来创造出最优的世界。苏格拉底假想了一座他正在上色的雕像，以此来举例。如果有人批评他不用最美丽的紫色来为雕像最迷人的眼睛部分上色，他将这么回答："我们不应该这样来美化眼睛的，否则，眼睛看上去就不像眼睛了。别的器官也如此。我们应该使五官都有其应有的样子而形成整体美。现在，别硬要求我们给守卫那种幸福感了，因为若是那样做，他们就不能被称作守卫了。须知，我们也可以给我们的农民穿上礼袍戴上金冠，地里的活儿他们爱干多少就干多少。"（420d-e）两种分配的概念在这里被对立起来，那就是根据个体的情况所做的分配和带有全局观的分配。苏格拉底如是总结道，为了让城邦存在，守卫必须真正是守卫，同样地，"农民就该是农民，陶工就该是陶工"（421a）。

我们可以看到，虽然它并不是最清晰也不是最详细完备的，但最终是这个有机体的（organique）模型占据了上峰：城邦/灵魂的运行方式与躯体是一样的。各部分之间的差异性是必须的，这些差异就如同手和眼睛之间的区别。而且，城邦中市民的痛就如同人手指头的痛（462cd），推而广之，按照第 8 卷给出的比喻来看，正义是灵魂和城邦健康的标志(《理想国》，第 4 卷，444c-e)，而构建过程中的偏离就是疾病。*Homonoia* 描绘了"部分"共同促进"整体"的方式。因此，显而易见，若一小部分宣告独立，那么在狭义上来说，这是一种既危险又有罪的败坏行为。与智术不同，柏拉图主义不知道也不想处理整体中每个个体间的竞争冲突。

19.2 "城邦是由多元化的市民组成的"：从团队到野餐

这就是亚里士多德在《政治学》中给出的反驳，他提出了另一种城邦的构想，也就是另一种共识的模型。"因为幸福与数学中的偶数原则不同。偶数可以存在于总数之中，但不存在于总数的任何一个子集里，而对幸福来说，这是不可能的。"(《政治学》，第 2 卷，1264b 19-22)无论是谈论城邦的幸福度还是美德，亚里士多德总是选择一种综合性的观点：要讨论个体，就一定会牵涉到全体——"因为可以设想一个城邦的公民整体上是善良的，但并非个个公民都是善良的，那么还是后一种情况更可取，因为整体还是要取决于个体"①(第 7 卷第 13 章，1332a 36-38)。从柏拉图到亚里士多德，他们直觉的出发点就是不同的：对柏拉图来说，城邦首先就是一体的，而对亚里士多德来说，它首先是多元的。一切基于亚里士多德且针对柏拉图的批判都由此展开：柏拉图搞混了经济和政治问题，因为他故步自封在单一性和个体问题上(抑或说是在灵魂或者躯体层面的单一性上)，只考虑家庭和城

---

① 原文中该句的法语翻译与古希腊语版本的《政治学》有差异，此处的中文翻译根据公认的希腊语版本而来。——译者注

邦的统一性。"城邦与家庭一样，应该是统一且一致的，但也并非完全是这样。因为，城邦不是在迈向统一的过程中瓦解了，就是在此过程中产生了一个类似非城邦的'低级城邦'。这就好比将一段交响乐变成了齐奏，又好比将(诗歌的)韵律统一成唯一一个韵脚。"亚里士多德给出的城邦和组织的定义并不基于组织的单一性这个模型，而是认为它是由混合体组成的，《政治学》第 3 卷开篇的一些定义能为此作证："组织就是针对城邦中居民的某种制度安排，而由于城邦是组合而成的，就同其他由众多部分构成的整体一样，因此显然应当寻求公民的定义。因为城邦就是由一定数量的公民组成的某个整体。"(1274b 38-41)

与《理想国》第 4 卷的孤独臆想不同，《政治学》充满了各种隐喻。在第 1 卷中，用身体的部位、灵魂的部分甚至身体和灵魂的关系来比喻家庭和家园的组织、主人和奴隶的关系、夫妻关系、亲子关系，这都是极其平常的隐喻。但如果讨论到精确意义上的城邦，那所涉及的例子就与柏拉图的正好相反。这些范式首先被用来证明个体的美德与城邦的美德之间的差异：伦理的美德，*agathos anēr*，"德行高尚"的人，不能与 *spoudaios politēs*，"勤勉的市民"搞混(1276b 32s)，因为只存在一种形式的伦理美德，而政治的美德却多种多样、不尽相同。"既然全部公民不可能彼此完全相同(就像有生命的东西是由灵魂和身体构成，灵魂是由理性和欲望构成，家庭是由丈夫和妻子构成，领地是由主人和奴隶构成那样，城邦以与上述情形相同的方式由另外一些形式不同的成分构成)，故所有的公民必然不可能具有唯一一种德性，犹如歌队指挥与一旁的助手不会具有同一种德性一般。"(1277a 5-12)倘若存在政治的 *homonoia*，那么它的首要特征就一定是 *ex* anomoiōn（相异的），由多元性和不同的美德组成。

　　这些由范式说明的差异仍然有可能被用柏拉图式的模式来解读，也就是说被解读成一个功能性的等级制度。在《政治学》第3卷第4章中，唱诗班的模型总是被后人引用，并允许根据不同的模式变换所对应的美德[多利安模式（dorien），弗里吉亚模式（phrygien），参见1276b 4-9]。那个源远流长的船队的例子（1276b 20-31），虽然展示了公共和私人的关系，个人能力（桨手、领航员、舵手）与公共目标（拯救行船）的关系，但倘若我们转换一下模式，换一个职业架构，也能够将它归入有机体模型（organi-ciste）的分类学范畴。最后，美德或个人能力的差异性也能与诸如"劳动分配"（la division du travail）这样的概念相匹配。

　　于是就有了第3卷第11章里出现的一个问题，我们是否能够将权利交付给多元化的人群（*to plēthos*，我们可以用"人群"这个词，但必须申明，这个由市民组成的人群其成员必须是组成城邦的那些人，这个定义在书的一开头就能找到）。一部分原创的隐喻继之出现了，与篇首出现的那些越来越不能相容，但却越来越符合"将城邦看作非专业化和偶然的混合体"这一观点。同时，身体和灵魂的意象开始谵语。看看这关键的一段文本。

　　　　在多数人中，尽管并非人人都是贤良之士，他们聚集在一起也有可能优于少数人——当然不是就每一个人而论，而是就集合体而论，好比众人集资举办的筵席要胜过一个人的美味佳肴。因为，众人中的每一名成员都部分具有德性和明智，当他们聚到一起时，众人就仿佛成了一人，多手多足，兼具多种感觉，在习性和思想方面也是不拘一格。因此多数人对音乐和诗

歌的评价要强于少数人，每人评价一部分，所有人就评价了整体。(《政治学》，第3卷第11章，1281a 42-b 10)

不同于柏拉图和那个关于身体的比喻，部分的质量并不需要适应整体，也不应该各归其位。它就应该拥有任意一种质量，而整体将会把它吸纳。在柏拉图那里，"整体"将"部分"作为个体的不足变成了等级化的质量，并评估它们作为部件的资格，以此来完善各个部分。在亚里士多德那里，"整体"只保留各"部分"的质量，将它们收入囊中，重新组织，来完善部分。根据从《政治学》第3卷(1286a 29)引用来的野餐的意象(奥斯丁用这个词来翻译了 *ta sumphoreta*)，正是多样性本身构建了质量。假如我们只有"同样"而没有"与"，假如所有的一切都固化不变，那会是怎样的景象呢？

最后，多样性也可以被数量代替。于是，数量本身就成了一种质量，长满触手的身体这一意象就印证了这个观点。这个近似疯狂的比喻旨在证明"市民群体"的合法性，也就是说，"所有既没有财富，也没有高尚操行的人，即使他们并不是一个整体"(1281b 24s.)，他们也都参与到了议政和司法中去："因为当众人聚集起来时就会足够敏锐，且当他们和精英们混在一起时就能助益城邦。这就如同尚未净化的食材中加入少许纯净的食材，就能使整体变得更为营养。相比之下，每个人自做决定会导致决策有失老练。"(1281a 34-38)这一饮食学模型显然与有机体模型相去甚远。

某些物理的混合体或许会因此展开自动纯化和滗析的过程：残渣会自己沉入底部，自我消除。但坚信城邦的独特性这一点似乎是更加合理的，因为无论城邦拥有何种建制、何种制度，它都用"多元化的市民"来定义自己——这或许可以被称为政治理论的特异性：在鱼龙混杂之中构建起一个自我淬析的过程。

如果多元性确实是政治的条件，那么 homonoia 成了什么？第一点要确认的是，它不是《政治学》里的词汇，它属于《尼各马可伦理学》(*Éthique à Nicomaque*)。这部作品承担起了定义该词的任务，在其第 9 卷第 6 部分中，homonoia 被定义为 *politikē philia*，"政治友谊"，这种友谊的框架就是城邦。这里所谈论的不是秉持同样的观点或同样的理念(比如说在天文学领域的共同观点)，而是简单来说，就实践意义上占有重要地位的结果和方式达成一致。这个定义值得引起我们的思考，如何调和友谊与城邦这两者呢？前者，友谊，在理想形式下，总是将相似的人统一在 *sunaisthanestai* 中，也就是说共同的视角，或是因为他们的相同特殊性而拥有的情感共鸣；后者，城邦，则是一个多元化的，包含着没有相似性的元素的混合体。

这个问题的答案似乎牵涉到制度的多样性，这是对符合不同建制的多种友谊形式进行的差异性分析所暗示的结果。事实上，亚里士多德很早就明确规定，政治友谊"存在于好人之间"(《尼各马可伦理学》，第 9 卷第 6 部分，1167b 5)，因为他们早已"与他们内部，也与外部其他人达成了一致"。在他们内部，不具有相似性这一政治问题就不存在了；换句话说，在他们内部，伦理友谊和政治友谊合二为一或是相互交织了。这也就是贵族阶级的特性："这确实是政府的唯一形式，在这其中，人类的善良和市民的善良合二为一。"(《政治学》，第 4 卷第 7 章，1293b 5s.)

但在一个不仅仅考虑好人的完整城邦中，又是什么样的情况呢？如果我们考虑的是 *plēthos*（完整的城邦）本身，包括那些"微不足道的人"，*phauloi*，那么在这样一种"组织"中，在这么一种领导着真正的 *plēthos* 且崇尚民主的组织中，又会发生些什么呢？首先，"同一性"有一个民主化的替代词，那就是"平等"："相比专制制度下鲜少作数的友谊和公正，在民主制度下，它们就重要多了，因为平等的人之间，往往拥有许多共同之处。"（《政治学》，第 8 卷第 13 章，1161b 8-10）我们在这里要看到政权更迭和平等民权在《政治学》中的重要性。但这个回答从伦理的角度看来，是不充分的，因为那些 *phauloi*"没有能力达成一致，或者说很难达成一致，因此也少有友谊"（第 9 卷第 7 章，1167b 9s）。但城邦没有走向失败，那是因为在 *phauloi* 之间的不是 *homonoia*，而是与之相反的 *stasis*（"地位"、"稳定性"和"骚乱"，也就是说"不协调"和"冲突"），是 *stasis* 维续了"公共体"。每个人都以从城邦里得到最大程度的援助和尽到最小程度的义务为目标，出于这种人不为己的观念，个体"监视着自己的邻人并且阻止其从中获益，因为如果不进行监视，共同的东西就会消失，他和邻人就会陷入冲突，彼此间相互掣肘，而不去想着要做公正的事"（b 13-16）。这种扎营在个人处境上的警觉性，这种停留在 *stasis* 上的警觉性，是 *plēthos*——也就是说完整的城邦——得以维续公共利益的唯一方法。

共识于是就成了个体独特性深层次的演绎与自私的个人利益之间的平衡状态：民主混合体再次将自己的缺陷变废为宝。这之中有一个客观的策略，不隶属于理性，而是隶属于民主。或许有必要再次强调一下，这种（平衡）运动是永不停止的：民主是"理念"的对立面，它仅仅是它自己的生成。在亚里士多德之外，我们还在其中看到了智术的践行问题，来看看普鲁塔克记叙的赫拉克利特以及他那典范式的动作：当他的同乡们问他对于 homonoia 的看法时，赫拉克利特或许应该制作一剂 kukeōn（有可能是水、大麦粉和薄荷的一种混合物）来作答，接着在"瞠目结舌的以弗所人（Éphésiens）面前，一言不发"地晃动着它，随之一饮而尽，最后扬长而去。因为正是混合物本身，以及创造混合物的动作，产生了民主制度下的共识。

不难看到，亚里士多德的政治学带有反柏拉图主义的色彩，并且带有明显的智术倾向。最突出的特征就是政治中逻各斯的重要地位。对于智术师来说，逻各斯是最重要的政治美德。亚里士多德在《政治学》中就给出了两个关于人类的定义：作为"城邦动物"或"政治动物"的人类以及作为"拥有逻各斯天赋"的人类（第1卷第2章，1253a 7-10）。这是因为人类不仅能够通过声音来表达，而且能够掌握和运用逻各斯，运用惯用效果——词语和句法组构，也就是判断力。虽然亚里士多德认识到了政治和伦理之间关联的困难性，但他也看到了政治的自主性，甚至说是领导权。他在《尼各马可伦理学》中指出它是"领导力和构建力的完美代表"（第1卷第1部分，1094a 26-28），而对于善的探讨在他看来也是"有关政治的事情"（《政治学》，第1卷第2章，1094b 11）。《政治学》和《尼各马可伦理学》于是就成为这一观点的两个例子，与《理想国》中提到的同一性相对抗。

我也要提出双重标准来区分两种模型的共识。第一重主要是针对政治的相对自主性而言：这一领域是不是与柏拉图的伦理概念一样？是否有它自身之外的基础和存在的理由？还是说它自己就蕴含着潜在的可能性，抑或是构建力？是不是就像亚里士多德笔下的智术那样？第二重是针对个体相对于整体的相对自主性而言：它们之间是否是一种等级的从属关系？在这关系之中，独特性是否从未被正视，从未回归到它本身？还是说这些差异都是任意的，所有的关系都是竞争性的？

19.3 叙拉古(Syracuse)：一种职业畸形

在丈量柏拉图(某个柏拉图)和亚里士多德(某个亚里士多德)观念差异的过程中，我们可以找出几个持不同观点且饶有趣味的现代例子。海德格尔和阿伦特对于古希腊城邦拥有不同的看法，他们对于政治这个概念，在理论和实践上都没有共同的观点。海德格尔认为城邦是柏拉图式的，悲剧的；阿伦特则认为它是亚里士多德式的，智术的：对前者来说，政治理论和政治没有任何关系；而对后者来说，其一直致力于思考政治理论的特殊性以及它所带有的超验条件。

我们可以毫不费力地证明，海德格尔的城邦理念是基于索福克勒斯(Sophocle)的《安提戈涅》(*Antigone*)合唱部分的第 370 行而来的，而这一段合唱的核心句，是被他无数次点评的那句续唱，*hupsipolis-apolis*(城邦之上—城邦之外)。正是基于这句话，海德格尔才能够在《形而上学导论》(*Métaphysique*)中阐释 *polis* 这个词的意思。

> 我们用国家来翻译 *polis*；这没有把完整的意思表达出来。*Polis* 应该意味着位置，"在"。在那个地方且以此为据，那么在场(l'être-le-là)才是历史性的。*Polis* 表示由此而来，从那而来，源头在那个地方，从那个地方出发，去向那个地

方。众神、神庙、祭祀、节日、游戏、诗人、思想家、国
王、长老会、公民大会、陆军和海军都属于这个历史位置。
如果全部属于 *polis* 的东西都是政治,那不是因为全部这些
都与某位国家领袖、某位统帅或是某些国家事务有关联。恰
恰相反,"这一切都是政治"意味着,举例来说,就是在这个
历史位置上,诗人仅仅是诗人,真正的诗人;思想家仅仅是
思想家,真正的思想家;牧师仅仅是牧师,真正的牧师;国
王仅仅是国王,真正的国王。[2]

当然,海德格尔多次重复、强调、辨析的"仅仅"这一词很快
就将自己变成了一种创造性的暴力:(海德格尔笔下)个体的独特
性都带有真实性(authenticité),这使他们成为游离的奠基者,或
者说,就如艺术品一样,他们打开了新世界。很明显,这个出发
点与柏拉图毫无关联。但对于独特性的处理却也并非毫无相似之
处。正是我们在对个体(各自的)特殊功能性命名之时带出的排外
性和过于斩钉截铁的特征,才使得我们能够构建起整体中的"存
在"这一概念。我这里想说的是 *mutatis mutandis*(必要的变化已经
完成),与苏格拉底反驳"守卫者不会感到幸福"这句话的回答相
呼应:"如果我信了你的话,农民将不成其为农民,陶工将不成
其为陶工,其他各种人也将不再是组成国家一个部分的他们那种
人了。"(《理想国》,第 4 卷,421a)换句话说,每个人,在劳动分
工中的每一个被看作一个器官的个人——不论他是最有创造力的
还是最富创造性的——都能被看作一只眼睛、一个心脏或是一只
脚,但与亚里士多德和马克思的观点相反,他绝对不能被看作一
只手,因为手是可以代替其他器官的,是一个"有能力的"器官,

是能够在它的特殊性中超越它自己特殊性的器官。

但 *hupsipolis-apolis* 除了指出人类相对于城邦的迁移之外，最重要的是，还指出了政治本身的偏移。在柏拉图那里，只有大写的善才是"绝对的"（*anupotheton*），这也就是政治的条件。相同的，对海德格尔来说，也需要从其他事物入手来理解政治，我们可以说，是从那些真正——不属于伦理而是属于存在史的事物入手。这就不难理解为什么他能够在再次解读《巴门尼德》时肯定地说："现代国家、古罗马的公共事务和古希腊的城邦之间的差异，与真理在现代的本质、古罗马的 *rectitudo* 以及古希腊的 *alētheia* 之间的差异，在本质上是相同的。"如果我们将 *polis* 看作"*pelein* 的极点"，也就是 *einai*，"是"这个词的古代动词形式，那么"正是因为古希腊人在本质上不是一个政治性的民族"，才使得他们能够回过头来建立起政治。城邦的发明不是政治性的，因为作为政治的政治毫无政治性。

将政治作为本体论和历史研究的附属品所产生的后果很快就在《关于政治和历史的问答》（« Réponses et questions sur l'histoire et la politique »）中显露出来了，这部作品记录了海德格尔在 1966 年所接受的《明镜周刊》（*Der Spiegel*）的采访："现在对我来说有个决定性的问题，那就是如何让一个政治体系在整体上与这个技术时代相符，我也想知道这将是一种怎样的体系。我不知道这个问题的答案，但我不认为答案是民主。"民主之所以被认为是"半吊子"的解决方式，是因为它确确实实不能符合真理的现代本质，也因为它误解了技术这个概念，它认为"技术归根结底是人类握在手里的东西"：作为海德格尔这样一个彻头彻尾的哲学家，毫无疑问，政治立场的公正性要依靠于哲学评估的恰当性。

阿伦特的诊断相当睿智:"令我们止不住感到震惊且也许可耻的是,当涉及人类事务时,柏拉图和海德格尔都曾求助于独裁者与暴君。这其中的原因或许不仅仅在于环境的影响,更不会是出于个体的表现,而是在法国人所说的一种'职业畸形'里。一旦由哲学选择的生活方式与政治化的(bios politikos)生活方式对立起来,同时,一旦政治唯有在哲学的指导下才可以被思考,那么我们发源于巴门尼德与柏拉图的传统政治哲学思想就将患上叙拉古综合征了。"

阿伦特就是以这种方式拒绝"哲学家"这个名号的,她更偏好"政治理论学教授"这一称号。普罗泰戈拉更偏爱"美德大师"或是"优秀导师"这一称号。老实说,阿伦特式的政治理论或许可以作为第二种共识的理想典范:她确确实实定义了在无法简化的多元性条件下带有"伴随"性质的政治独特性。

要展示阿伦特受到亚里士多德的影响这一点是非常容易的,因为她自己一直强调这一点。和海德格尔一样,她所谈论的政治也基于古希腊的 polis 这个概念,但城邦并不以它自身的出神而悲剧般地产生,而是以"共同生活""话语和行为的共同化"这些日常化的破格形式产生。这一观点反对海德格尔对亚里士多德的阐释,大量借鉴了柏拉图的 bios theorētikos(理论生活)。阿伦特着重指出了实际运用中不可简化的独特性,这种独特性一方面与人群的多元化和多样性相连,另一方面与共同信念(doxa)、观念相连。

在我看来,这些非柏拉图/海德格尔式的哲学符号是亚里士多德式的,它们来自一个智术的亚里士多德。在阿伦特眼中,古希腊城邦最显著的特征(也就是她整部作品所讨论的东西)是亚里士多德—智术性的。首先,政治理论本身只能在智术基于其定义

而被区分开来的前提下才能产生，亚里士多德在《政治学》的第 1
卷中就区分了公共和私人，法律和自然，习俗和生理需求，城邦
和家庭、经济甚至社会问题。政治理论的独特性旨在消除介于理
论和 *bios theorētikos* 之间的惯用对立，这项任务是纯粹而单纯的。
在政治学领域，多元和多变的 *doxa* 被认为是错误之主，它与
*alētheia*①(无蔽)带有的永恒的、孤立的限制之间是没有对立关系
的，并且，在城邦这个"透明空间"内，表象和存在之间不可能存
在冲突，甚至不会存在所谓的合理差异性："*doxa* 从来不是一种
主观错觉或一种任意的扭曲，而是……真理总是与它相连"——
这是一个不那么柏拉图主义的苏格拉底在集会广场上从智术
dokei moi(言之成理)学派习得的东西("似乎"，表象中的真理如
是说道)。在那之前，这位苏格拉底从荷马那篇赞颂阿喀琉斯和
赫克托耳的史诗中习得了这些理念：习得，因为他于是能够"用
他们的眼光看世界"并且能够"交换"视角，以获得"最优的政治视
角"。另一个阿伦特所强调的亚里士多德式的特征，*phronēsis*(谨
慎)，也见证了这一点，这一政治独有的美德，就被定义为"信念
的美德"(vertu doxastique)。

　　更加根本的做法是，阿伦特将语言变成了政治能力的首要核
心，将因地制宜、因时制宜的话语变成了政治行为的核心："当
我们谈论语言的地位问题时，这个问题就从定义上变成了政治的
问题，因为正是语言让人类变成了政治动物。"她不停地参考对人
类的最初定义——"拥有语言能力的动物"，与具有相反意味的

----

　　①　该词在希腊语中的原意为"真实、真理"，在海德格尔的术语里，它
被译为"无蔽"。海德格尔认为"是"仅仅是"存在"的无蔽状态。具体解释请参
见海德格尔《存在与时间》中的论述。——译者注

"理性动物"形成对比；而对于亚里士多德的《政治学》，她又退回到"城邦有关人和政治生活最普遍的观点"，这事实上是很智术的观点，它是创造和维持古希腊城邦这一令人赞叹的"最聒噪的系统"的唯一特性。"人们共同生活在语态之上"：政治的独特性，是 logoi(逻各斯)的竞赛，在康德之后，我们可以将它规范化为品味，这一品味在多元的条件下"奉承着他人的共识"。因此，与柏拉图、海德格尔不同，对阿伦特来说，"以真理的视角来考虑政治，就是抽身去到政治之外"。

　　然而，我这里要预告一种错误的解读方法。认识到政治的独特性并不意味着我们知晓如何在政治里规避错误和恐惧：卡尔·施密特、马克斯·韦伯和雷蒙·阿隆就有这样的想法。我们还需要知道被保留的独特性是什么，它又是如何被实施的。但无论它是哪种形式的独特性，它在定义上永远也不会与区分善恶的伦理搞混，也不会与区分真假的理论混淆(这两者往往是笑里藏刀)。于是，即便这种政治的独特性带有突出的逻各斯特性，我们也无法因此摆脱独裁或蛊惑性的政治。我也想简单地从古希腊人的幻想或是比喻中抽取两条主要的思考政治的途径：本体论哲学家和政治学哲学家。在共识的论题下，我建议关注将这两者交叉考虑的必要性，因为个体依赖于整体。

注释

　　[1] Henry G. Liddell, Robert Scott et Henry S. Jones, *A Greek-English Lexicon*, Oxford University Press.

　　[2] Martin Heidegger, *Introduction à la métaphysique* [1935], trad. G. Kahn, Gallimard, 1967, p. 159.

20

谷歌

谷歌，和美国一样，自恃为民主的冠军。对于美国来说，似乎人人都能在那里如鱼得水。对于谷歌来说，必须看到它的天才之处，第一是因为它精炼了网络，它旨在给予最大数量的人群最多的信息量；第二是因为它精炼了资本主义精神，它旨在通过上面提到的这种"任务"赚钱，赚取大量的金钱。

谷歌的民主抱负据它自己说主要表现在两个方面：上游的民主和下游的民主。

在上游，"我们"中的每一个人，都以平等以及显贵般的均衡度，构建了出现在网络上所有信息的一部分："你们就是网络"，就是它的内容。尤其是，每个人都以内在的手法，以平等以及显贵般的均衡度，制造了网络信息的秩序："你们就是网络"，是它的组织形式。这种秩序是通过网页排名(PageRank)的算法以及链接和点击率的民主性来实现的。

在下游，每个人都能够以知识共享的名义获得(或者将要获得/应该获得)自由与平等的上网权利。这所有的方面都被连接起来，因为上游的链接和点击率决定了下游的面貌。

然而，就它提出的"文化民主"这个概念，在文化和民主两个方面，都应该贬低它的价值。

对于文化而言，虽然我们不常这么做，但确实应该遵循评定的秩序。这一过程中缺失的维度是作品本身的，虽然它开放给所有人，并任由大家使用，但这一缺失的部分对于我们思考语言和书籍来说都是必需的。再者，文化和知识一样，并不能被精简为信息，就好像一定数量的信息不能被精简为（笼统的）信息本身一样。

至于民主，这是"文化民主"这件衣服的另一只袖管。这里讨论的"民主"这个概念，它的确切意思是什么呢？

我希望再次通过古希腊的例子来让大家理解谷歌的"民主"中的不民主性。

谷歌的情况很像智术。我们将看到，它们之间拥有大量且重要的共同点。引用黑格尔的一句话，智术师在我看来，是"古希腊的大师"[1]，他们给古希腊带来了政治（准确来说，民主）和文化。然而，我认为谷歌离政治大师和文化大师这两个称号还很远。我想讨论的就是这一反差性的比较，为的是厘清谷歌和民主之间的关系。

谷歌确切来说，是普罗米修斯式的发明：一种与简洁且高效的技术才能相关联的小聪明，并且它还千变万化、能迅速适应环境。这一复杂的描述要是放在古希腊的背景下，将更有说服力。它可以被 *mētis*——这是我一直以来使用的描述性词汇——来形容，"计划、精明的计划、精明、有效、狡猾的智慧"，这个词可以被用来形容神样的奥德修斯、宙斯的意图，以及鱿鱼触手般的灵活性；也可以被 *tekhnē* 来形容，"才能、手艺、技术、技巧、能力、专业、手段、方法、方式、巧计"；也可以用 *mēkhanē* 来形容，"方法、新发现、工程发明、（战争）机器、（舞台）换景机械、阴谋、权宜之计、窍门、玩意儿、才干、资格、技巧、对策"；抑或是 *kairos*，"关键点、恰当时刻、合适的时机、及时、时机、优势、利益"；或是 *kerdos*，"利润、利益、优势、对盈利的渴望、盈利企图"。它也与修辞学词汇有关，比如说，我们可以用 *prepon* 来解释它，"与别人不同、展示自我、由外部条件来表明的、看上去……的、与……相关的、与……符合的、合乎礼仪的、适应听众和主题的"；尤其还要看到它与 *doxa*、*dokounta*、*endoxa* 这些词的关联性，"观点、名誉、外表、外貌、信仰"，"外表、适宜的评判、可信的、能达成共识的"，"固有思想、先入为主的观点、概率论证的坚实前提"。

其实，这就勾画出了智术的世界，那个游离在价值化和去价值化之间的世界。柏拉图是将它变成"坏他者"的第一人：他将它看作一个伪全能者，架于现实与日常生活之上，但却脱离理念和真理，一种只考虑出卖自己、赚取利益的才能——一种蛰伏在我们每个人心里，在柏拉图看来极其丑恶的利益。

我们很快站到柏拉图的立场上，开始批判谷歌/智术吹嘘自己的全知特性，并在这种追求完满的自命不凡中诊断出了知识本身的无用性。我们批评它，它让所有人具备了对知识和真理来说毁灭性的技术。就像在《高尔吉亚篇》中那样（是指柏拉图的《高尔吉亚篇》：一直是柏拉图在扯头），谷歌/高尔吉亚一定可以轻松地做出如下答复：不论他教的是修辞术的技巧还是打仗的战术，应该被责备的既不是师者，也不是他教授给学生的技术，应该被责备的，是那些滥用这些技术的学生，"应该被憎恶、被流放和被杀死的是那些滥用的人，而不是那些教会别人的人"(457c)。信息并不会损害真理，但错误地理解信息、滥用信息将会招致损失。决定权在使用者手里。究竟为什么不好好使用谷歌，而是要滥用呢？并不是这个世界上的所有信息都声称自己是真理的——话说回来，真理准确来说又是什么呢？

我们于是就到达了第二条攻防战线上，这是一条从哲学上来说更加严肃的战线：真理是需要寻找的东西，不是所有观点都配得上真理这个名字，但确实有"真"的观点，数学意义上的真值是存在的，哲学意义上的大写的"真"也是存在的。柏拉图批判谷歌/智术师的第二条理由是说他们只在乎观点，并将所有观点都放在同一个平台上讨论：那个声称"人是万物的尺度"的普罗泰戈拉，根据后果相对主义，也完全可以说"猪猡或是狒狒是万物的尺度"。普罗泰戈拉或许能够轻易地答复道："你目无廉耻，苏格拉底！"(此处的普罗泰戈拉是指柏拉图《泰阿泰德篇》中借由苏格拉底之口叙述的普罗泰戈拉，我们可以看到，其实一直是柏拉图在扯头)。并且，这位普罗泰戈拉还能由此论证道：撇开那个经过深思熟虑，又被哲人王强加给晦暗不明处视力障碍者的大写真理不谈，也"从未有人从一个错误的观点出发，而最终将人引向一个正确的观点"。相反，医生、智术师、演说家、有能力的师者能够让人"从一个欠佳的状态过渡到一个更优的状态"，并且他们能指导他人做"在他们看来公正的、对城邦有益而不是有害的事情"(《泰阿泰德篇》，167a-c)。并不是所有的观点都是有价值的，因此，在教育学上也好，政治上也罢，应该偏爱更优(一个比较级而不是一个绝对的最高级)，应该知道这"对……更优"(将背景的特殊性考虑在内，并将个体看作整个城邦)。政治不旨在将真理强加在这个世界上，也不旨在强加一个普遍性的真理——这就是阿伦特所说的"政治哲学"，一种哲学的"专业畸形"，而不是政治本身。它旨在帮助不同的人做出更优的选择。其实，从智术给出的这个回答来看，这就是政治的维度，是一种与普遍性相去甚远的政治实务。它与派代亚、"教育"、"文化"的概念一同出现，它是共享的语言、文字的习得、话语的交换、说服力的竞赛，这些东西，有些师者比其他人教得更好。

这确切来说就是谷歌没有的方面，也是谷歌与智术之间能够相提并论的极限。营销中的老生常态——"个性化的大众"——并不是民主。一，加一，再加一并不会创造出一个共同体，也不会形成一个集会、一个 *dēmos*、一个"民族"，更不会形成一群"民众"（一个游离的、差异化的反民族），而只会造就一群严格意义上的"蠢货"。要知道，被剥夺（公共维度）的人，只能被还原为他们作为简单个体的独特性，只能被还原到他们"特有"的不起眼和无知的维度上。点击鼠标不是政府（主义）的一项政治行为。这之中没有权利的问题，或准确来说，这之间没有任何中间人来管控这一操作。相信个体的数目组成了普遍性，或者也许从根本上来说，组成了整个宇宙，这一等量关系①代表了对政治的缩减或省略。它所产生的效应就是派代亚的缺失，因为这一"非政治的民主"是建立在那些拥有不对等知识的人对知识的平等使用之上的，这么一来，在对大家都不了解的领域的组构过程中，无知的人和有知的人同样重要。

粗暴地说，谷歌是既没有文化也没有民主的文化民主冠军。因为它既不是文化的大师（信息不是派代亚），也不是政治的大师（点击鼠标的民主不是一种民主形式）。

---

① 指 universel 和 Universel 的对等性，前者表示普遍性，后者表示整个宇宙。——译者注

但并不是因为谷歌缺少政治的维度,它在政治上就不存在了,恰恰相反。我们甚至可以说谷歌是反民主的,因为它是根深蒂固的美式存在,与此同时,它不告诉我们如何揭露它的美式本质、如何质问它的普遍性,就好像美国本身就代表了普遍性似的。我们一开口说话,就落入了亚里士多德主义,不论我们想不想、知不知道这一点;我们一用谷歌搜索,就变成了美国人,也不论我们想不想、知不知道这一点。然而,网络是一种持续性的集体发明。它甚至能够提供一个冲突的空间,*agōn* 和 *dissensus*,它超越了国境线和军事冲突的范畴。就是在这种既具有集体性又具有述行功能的意义上,网络才在政治上变得如此敏感。但我们在谷歌上找到的不是政治,而是超验的拒保,一个不是哲人的哲人王——糟透了。网络的内在性和谷歌的超验性:谷歌是不是现今超验网络的代名词?或者更无情地说,我们都是美国的谷歌?

谷歌和 H 因子,质量如何成为数量的突出属性?

绩效评估的模型,是由如谷歌这样的搜索引擎所开展的显著性研究。网页排名的算法是谷歌最引以为傲的技术之一,它能够将某个页面内(关键词)的应答顺序分出等级。谷歌自己承认,这一算法主要借鉴于学术工作中的引用模型:点击率最高/被引用最多的会被排在最前端。这里涉及的甚至是次方级增长的 *doxa*:被引用了最多次的网站、最频繁引用的信息会被排在前面——在谷歌看来,这是"文化民主";时而带有些将"民主"这个概念名人效应化的权数——一个少有引用的网站提供的链接往往比一个胡编乱引的网站给出的链接更有价值。这一等级制度完全符合赫什(Hirsh)著名的

H 因子的运作方式，我们总是不停地希望树立自己的威信。比如说，这个因子用以排列研究者的方式，是考虑他们在已经被分级评分了的期刊上所发表文章的数量，所用的权数是那些已经分级评分了的期刊对研究者出版作品的引用次数。这是一个建立在普遍化和权数化的引用体系上的学术模型：当然这并不比 *people* 和 *parochial* 这两个词更加民主，这两个词在英文的搜索结果中产生了巨大的偏差。为了让自己的 H 因子升高，必须，也只需要将检查工具作为自己学术活动的目标：也就是，用英文发表在评分最高的那几本期刊上，与此同时，要选择一个从目前的资料来看只能让人给出模棱两可或相悖的观点，无法真正表达研究者态度的主题（别人要是说这种引用简直愚蠢至极，完全不用理会他们）。我们完全可以这么做，其实这种事每天都在上演。

质量于是成了一个简单而突出的数量属性。我们需要强调，这是一种不适宜的扩张，甚至是野蛮的输入。这本是一种在文献计量学中的操作手段，当时加拿大为了管控那些重要的医学出版数字文档而引进了它［尤金·加菲尔德（Eugene Garfield）于 1960 年创办了《影响因子》日报，为的是协助使用加菲尔德影响因子来帮助加拿大医学协会选择期刊］。可这项便利的发明却让谷歌发了财，它将一切都归入"合法商业目的"，包括那所谓的文化民主，这就是游戏规则——我是说某个特定的游戏规则。但当这种由搜索引擎实现的"搜索"顺理成章地成为基础检索的评估标准之时，我们一定要通过所有手段将它抵制到底。这显然与不断崭露头角的检索理念背道而驰。从定义上来看，这条高斯曲线独特的下端已经看不见了。① 绩效和 H 因子无法丈量独创性。就像林登（Lindon）谈论贝克特（Beckett）时说的那样：我们无法注意到一个陌生人的缺席。

注释

[1]*Leçons sur l'histoire de la philosophie*，trad. Garniron，Vrin，1971，t. Ⅱ，p. 244. 有关这个问题的完整讨论，请参见《智术效应》（Gallimard，1995）。

---

① 高斯曲线，即正态分布曲线。文中提到的高斯曲线的下端是指正态分布中的小概率事件，与均值相差较大的事件。——译者注

21

一起

  欧盟刚过完 50 岁生日，这也标志着签订《罗马条约》(*Traité de Rome*)50 周年。① 它也刚刚选定了自己的标志，这个标志以后将被使用在每年的周年庆典上：在收到的 1701 个方案中，11 位国际艺术和设计方面的专家最终将 6000 欧元的奖金授予了夺魁者西蒙·斯科萨克(Szymon Skrzypczak)。在授奖仪式上，欧盟副主席玛戈·沃斯特隆(Margot Wallström)点评道："这个获奖标志展现了欧洲的多样性和活力，与此同时也强调了我们这片大陆对统一和团结的渴望。"

  下图就是这次选定的标志，它应该"展现欧盟在诸如和平与繁荣等领域已经取得的成果，并勾画出欧盟的将来，也就是说，那些参加竞赛的人对欧盟未来的期盼"。

---

  ① 《罗马条约》签署于 1957 年 3 月 25 日，它标志着欧洲一体化的起步，为建立今天的欧盟奠定了重要基础。卡桑女士的这篇文章写于 2007 年。——译者注

我来谈谈我的观点。

就一个词 together(一起)，它象征着全欧洲的理念，多样性中的统一。除此之外还应该看到，这个词属于且仅属于一种语言，英语。或者说，全球语，其功能就像没有源头也没有使命的混合语(*lingua franca*)一样。那么，那个欧洲极其看重，甚至看作自己的立身之本和价值所在的多语现象怎么体现呢？其他语言在这里都仅仅以区分符号的形式出现，这儿有个变音(*umlaut*)，那儿有个闭口音符，它们看上去就像是拼写错误的结果，是那个唯一的语言身上的寄生虫。多元文化被简化为一系列的错误和偏离，给普遍化的标准画蛇添足。

这个标志的形式和色彩都想要展示多元性——图饰的字母、饼干的符号、蓝白红的中央色①。它们让人想到的首先是谷歌的标志，谷歌的标志比这个要朴素一些，但更明显地带有全球商业化的色彩。欧洲于是成了个商店招牌，"since 1957"(始于 1957 年)更是加强了这种感觉；我们加入它就好像是成了某个注册商标的会员，看看词尾那个被圆圈围起来的 R，可不是要受商标法保护的嘛！——如此倾向……就好像它的定义是早就做出的，亘古不变的，而这家公司只需要通过跨越边境来不断扩张就行了似的。

这是个彻头彻尾错误的标志，完全只会产生反效果，与欧洲想要加给它自己的定义背道而驰，它没有脸面用这个标志称自己是"欧洲文化和多语主义的检察员"。还有时间重新再换一个吗？无论如何，是时候睁大眼睛，让自己不那么愚蠢了。

他们换了个新的标志，但却改变不了其他的一切。

---

① 标志为彩色，因印刷问题，未能显示其颜色区别。——译者注

22

不可译

《欧洲哲学词汇表：不可译词典》(*Vocabulaire européen des philosophies*, *Dictionnaire des intraduisibles*，以下简称《不可译词典》)是一本疯狂的、令人难以置信的书。150 位作者，历时 10 年之久，一共在此书中收录了 7000 余条来源于欧洲语言，抑或是欧洲成员国语言的词语和表达。尤其值得指出，这些作者所面对的是一个不断扩张的领域，因为这些不可译的词汇在 10 年之后不是已经被翻译了，就是正在被翻译到十几种语言中去。被翻译了，也就是说在另一种文化中被适应了、被再创造了，去适应那种语言和那个哲学界在某个特定历史时刻的需求：例如，在美国，我们可以看到英语的战争机器与世界语之间的冲突；(在乌克兰)我们看到了人们通过处理与俄语和俄罗斯社会的关系，来再次建立起乌克兰语和乌克兰哲学圈的方法(因为决定要研究两种翻译文本的，正是参加独立广场运动的那些知识分子)；以及还有，评估罗马尼亚语译本中的斯拉夫语和拉丁语翻译法，理解 *intradução* 在后殖民主义阶段的演化和"食人史"(与西班牙语在美洲的处境研究类似)，搅乱和充实阿拉伯的政治软件，思索希伯来语中宗教语言和现代哲学语言之间的关系，思考哲学的原初语言和现代希腊语之间的关系……以上这些都是与多样性问题直接相关的活动(*energeia*)。

然而，10年之后，我开始理解到，《不可译词典》所划定的这个空间在德里达那里是一个开放空间，或者说，是德里达打开了这个空间。这主要体现在他的两个句子中："不止一种语言"（Plus d'une langue），"语言，没有归属"（Une langue，ça n'appartient pas）。第一句出现在他的《备忘录》（*Mémoires*）中："如果要我冒险，上帝保佑，去为解构找出一个简练、精悍又如指令般精简的定义，那么我会直截了当地说'不止一种语言'。"[1]

虽然解构对证据和线索刨根问底式的分析方法能够成为一种方法论，但这里重要的不是"解构"这个词本身，而是在整部作品中，尤其是在《他者的单语主义》（*Le monolinguisme de l'autre*）这一俘获人心的文本中，那个斩钉截铁、坚定不移的命令式判定："不止一种语言"。德里达从他自己的立场出发提出的"解构"这一概念，带有矛盾的特性，他自己是这么说的："我们从来只说一种语言"/"我们从来不只说一种语言"。这是一对最带有实用主义色彩的矛盾，英美或德国的理论家们像批评一个传统法国哲学家那样批判他："您是位怀疑论者、相对主义者、虚无主义者……要是您继续下去，您会被归入修辞学和文学的领域，要是您坚持，您会被打入智术的监牢。"[2]显而易见，这一恐吓让我高兴极了，它完全就像是相对主义给出的一个诊断。

修辞术、文学、智术的领域，反正跟"哲学"没什么关系……倘若不把德里达归入法文系，他应该是被放在比较文学系的。文学，是女性擅长的事，德里达爱女性，他也被女性爱着；他自己发展了他的"女性部分"——当然是说他的书写而不是他的思想，前提是我们将这里的哲学看作分析哲学，并且将监房的区分看作文学和哲学体裁的区分，这种区分很轻易地就符合了传统意义上对文体/性别这一差异的分配。因为文学的基本多语主义，无论是从本意还是象征意义上谈的文学，都能够根据这一区分来被理解！但哲学的基本多语主义呢？这个问题太大了。

"不止一种语言"这一命令打开了一个被复杂化了的普遍单一性："语言，没有归属。"这是德里达与让·伯恩鲍姆（Jean Birnbaum）在被汇编成册的最后几次访谈中说出的话。这本册子题为《终要学会生活》（*Apprendre à vivre enfin*），由于它最后成了一本遗作，因此这一标题就带有了实用主义的逆喻。它主要讨论了爱是什么。

> 我热爱我的生活，我自己的生活，就好像我爱那些构成我的东西，其中就有语言这个元素，法语是别人唯一教会我运思的语言，也多多少少是我唯一能为我说出的东西负责的语言。这就表明为何我总是在书写的过程中，用一种略带暴力但又不算变态的方式来对待这种语言。这是出于爱。爱意一般通过语言之爱表达，它不是民族主义的也不是保守主义的，但它要求证据，也需要体验。你不能肆意使用语言，语言先于我们存在，比我们活得更久。如果你想把一些什么东西引入语言，你需要特别小心仔细，要在对它恭敬的前提下违背它秘密的法则。这就是不忠的忠诚：当我对法语施暴时，我其实是怀着恭敬之心遵守着我认为是法语法则的东西，这是语言在它的生命和演化过程中给予我的指令。我只会一门语言，同时，这门语言以特殊却典型的方式不属于我……一则奇异的故事让我对这一普遍法则刻骨铭心：一门语言，不属于任何人。[3]

德里达在《他者的单语主义》中讲述了这则奇异的故事：在阿尔及利亚，我们曾为一位犹太法国移民教授阿拉伯语，并将这种语言定义为"可选外语"；在 1940 年由维希政府颁布的克雷米约法令(des décrets Crémieux)废除之后(该法令将法国公民身份授予在阿尔及利亚境内出生的"所有犹太人和穆斯林")，这位法国移民在他的国家里(对他来说是外国的国家里)，用法语，这种不属于他的语言来书写和思考。"语言，没有归属。"他者的语言，殖民地的语言，既用来驯化当地人，也解放了当地人，卡代布·亚辛(Kateb Yacine)称之为"战利品"。

我想要讨论的翻译哲学问题，就是基于"语言，没有归属"这句话在深层次意义上的非暴力性的。我也试图讨论用语言来做哲学，或者说做哲学本身是怎么一回事。

我不能也不想讨论单数的"不可译性"，因为在我看来，单数的不可译性是指德里达在《弗洛伊德和书写场景》(*Freud et la scène de l'écriture*)中所说的语言"躯体"的不可译性[4]；也就是文学译者在翻译过程中一定会遇到的大写"不可译"，如能指本身、它的音色、它的韵律，以及我们听到的、我们说出的、以本来面貌存在着的语言本身。

但在我们哲学家眼里，谈论复数的不可译性更加恰当：翻译不可译的东西，并不是指进行一项通往巴别塔的挑战，而是意味着在巴别塔倒了之后，开展一次令人失望而充满讽刺意味的重新定居，这个定居过程洋溢着幸福！《不可译词典》不是要提供给译者任何一个不可译词语的"最优"翻译方法，它只是厘清翻译过程中的不协调性，将它们展示出来，引发思考；它提供的是多元化的和比较性的开放可能性，更带有博尔赫斯式(Borgesien)和乌力波式(Oulipien)的色彩(博尔赫斯说,"幻想的现代形式就是博学"),而不是宿命论或海德格尔式的。

这本词典的最突出特征之一就是多元化;这是我们的出发点,也是我们要达到的目的。我们从语言的多样性出发,这一点是基础且关键的。于是不可译就有了第二重定义:不可译性是在语义和/或句法层次上,由语言的差异性产生的症状。详细来说,《不可译词典》的野心在于积聚汇编所有译者的学识,而它使用的方法就是将所有脚注或者括号中给出的"译者注"放入正文里。

我希望将这种野心用一种特定的哲学工作的眼光来看待,确切来说,就是我投身于古希腊哲学研究的出发点:了解智术,将智术看作对本体论的抨击。我们知道,古希腊人曾高傲地忽视语言的多样性[用米格利亚诺(Momigliano)的话说,他们是"骄傲的单语主义者"],以至于 *hellenizein* 这个词拥有"说古希腊语"、"正确的说话方式"和"以开化人的身份思想和行动"三重意思,与之相对的是 *barbarizein*,代表着"外族人"、"不可理解的"和"非人类的"。那么,对古希腊人的研究如何能够给予我们理解语言差异性的线索呢?这很简单——或者无论如何,我自认为能够简化这个问题。

我们不是从物出发,就是从词出发。

一方面是本体论的线索,也就是说从巴门尼德的《诗歌》出发,*esti*(是)的立场,甚至是"有""有存在"(*es gibt*)。在被海德格尔权威般解读的《诗歌》之中,存在、思想和言说是互相归属的。人是"存在的守护者":有忠实、完满地说出存在的职责。当我们暂时抽离出这个观点,投身到柏拉图和亚里士多德的形而上学中去时,我们可以这样描述这些事:语言是一个 *organon*,即一种

"工具"，一种交流的方式；而不同的语言，正如苏格拉底在《克拉底鲁篇》(*Cratyle*)中所说的那样，只是制造这件工具的不同材料而已[5]，在某种程度上，只是理念的外衣罢了。因此，我们要从真正"是"的事物出发，而不是从词出发[6]。在这种观点之下，翻译就是以最快的方式用词语来传达事物，将多样性归为单一性：翻译于是就成了被施莱尔马赫(Schleiermacher)称为 *dolmetschen* 的东西，释义事务，一种"媒介"。[7]

另一方面是"逻各斯论"[8]的线索，也就是说从高尔吉亚那篇批判本体论的《论不存在》出发。在这个文本中，高尔吉亚展示了存在为何只是话语的一种效应。存在并不总是早已在场的。而这回，解读巴门尼德《诗歌》的不是海德格尔而是高尔吉亚，他将《诗歌》看作语义和句法交织产生的一种效应。他通过一个"引路词"——"是"(être)的直陈式现在时的第三人称单数变位 *esti*——来做了一系列文章。有关"是"的一系列变化("是""是存在""先有存在才有是")成就了主体命名/创造这一过程的巅峰，而这个主体就好像是从这个动词中渗透而出的，因为"是"这个词的现在分词被加上冠词以后，就名词化了："实体"(l'étant)，*te eon*，它带有完满且周全的释义——就如奥德修斯经过美人岛海域时那样，他驻足留在那里，在强有力的作用场①边界上驻足不前。从词出发的世界是一个不同的世界：我们不再受到本体(论)和现象(学)的管辖，不需要被迫说出"是"或"像是"的东西，而是进入了语言表现的范畴，用说出的话来创造存在。以至于语言不再被，或者

---

① 此处，奥德修斯感受到的强有力的作用场是一个类比，类比的对象为"是"这个动词在语言学上"完满且周全"的作用场。——译者注

说不再仅仅被看作一种工具，而是作为一种目的和力量，"那些认为语言本身就耐人寻味的人与那些将它视作传播思想的媒介的人，是完全不同的"（尼采，《荷马和古典语文学》），引用高尔吉亚在《海伦颂》中的话来说："逻各斯是一位至高无上的君主，他大音希声，大象无形。他以最不起眼的身躯完成最神圣的行为。"

这就是《不可译词典》的模式：说到底，掩藏在话语多样性中的，是智术的逻各斯论。因为唯一"有"的，准确来说，就只是洪堡式的语言多样性："语言在现实中的表现，仅仅在于它的多样性。"[9]语言是，且仅仅是，多样的语言。从这个角度来看，翻译不再是 *dolmetschen*，而是 *übersetzen*（跨越），是理解由不同语言产生的不同世界，让这些世界相互交流、相互给对方制造麻烦，为的是让读者的语言能够与作者的语言相遇[10]；公共世界最多也就是个调节性的原则，一个目标，而不是一个出发点。特鲁别茨柯依（Troubetzkoï）或许为此做了一个最恰当的比喻，他在每种语言中都看到了一张"带有虹彩的渔网"，根据每张网的不同织法，都能捕获到不同种类的鱼。

22.1 二义性的全集

正是从多样性出发，我们其他人，哲学家，才得以在能指、语言的不可译性载体中看到了些东西。这里指的不仅仅是语言种类的多样性，还意味着每种语言的内部多样性，也就是（该语言内）某些词汇的多义性。从亚里士多德到弗洛伊德，能指进入哲学的领域都是凭借着它的二义性。亚里士多德将对同音异义现象的否定用作了他制裁智术的大规模杀伤性武器；他否认那些不支持矛盾律的反对者（矛盾律是唯一一个不应该引起争议的基础原则），并用单义性的限制来约束他们：说话是为了讲述某件事情，是为了意味着某件事情，意味着唯一的一件事情，而这件事情对说话人和别人来说，都是等同的。倘若不听从于意义所做出的决定，就索幸不要说话了，而由于话语是人类的特性，这就成了不成神便成植物的选择。那些只是为了取乐而说话的人，*logou kharin*，就被严厉地驱逐到了人性之外；那些总是玩弄同音异义现象，并以此来威胁单一性的稳定性及基本原则的稳固性的人，都应该被称为"智术师"。哲学家的工作旨在消除单一性中的异义现象，甚至可以根据需求创造一些新词来避免多义性的产生。但倘若这些同音异义现象并不是偶然发生的同音或者同形现象（vert/vair/verre，les poules couvent au couvent），而是语言在历史、构成和演变过程中遗留下的现象呢？亚里士多德应该很难找到一个纯粹是偶然发生的同音异义现象：例如，我们怎么能不看到亚里士多德所谈论的 *kleis* 这个范式所产生的异义现象［clef(钥匙)/clavicule(锁骨)］，其实并不是偶然的现象，而是一个形象化和隐喻性的二义性现象呢？

由此可见，如果要成为好的逻各斯主义者，我们需要先依靠拉康。我们已经将他在《健忘者说》中提到的无意识的"呀呀言语"(lalangues)这个概念应用到语言观中了："任何一种语言只是它的历史遗留且残存的所有二义性合集，除此之外它什么都不是。"[11]这里所说的，是同音异义、二义性，而不是亚里士多德那里所谓的语言的坏根基，这种二义性不仅仅是俏皮话产生的条件，也是语言特性得以存在的条件。无论如何，这是《不可译词典》从未停止奋斗的目标。

我希望通过几个例子来说明这个问题。从法语的 sens 这个词入手吧。它的释义总是在各种词典中产生大量的词条：sens——感觉，sens——意义，还包括 sens——方向。如果我们从古希腊语的角度来看，那么审美词类(*aisthaneisthai*，感觉、感知、意识)和语义词类(*sēmainein*，示意、指意、表示)之间并没有交集，我们似乎可以相信法语中这个词的同音异义现象是偶然的。但倘若我们注意到古希腊语被翻译到教会神父手中的拉丁语文本时，就是另外一回事了。Sens 这个词释义的同一性主要基于 *sensus* 这个拉丁语词汇，*sensus* 这个词，尤其是指《圣经》中的这个词，对应的是古希腊词 *nous*，*nous* 首先意味着"嗅觉"[奥德修斯的爱犬阿格斯(Argos)在"嗅"了一遍他的主人后，愉快地死在了它的粪便堆里]，其次还有"本能""精神""智力"等意思，以及与拉丁语中的 *sensus* 相匹配的"意义"、人与世界的联结等意思，最后还有文字的意思这一层释义。正是这个从古希腊语到拉丁语的演变过程才让我明白了，我一直以来认为是同音异义的东西其实暗含着语义流动的洪流。

甄选不可译问题的表现形式，这一过程其实也来自对同音异义的关注。我们只是在"由另一种语言出发"、"用另一种语言看待"以及"根据另一种语言"这些情况下才能看到同音异义现象。于是，对于我们经常译为 vérité(真理)的俄语词 *pravda* 来说，它首先意味着 justice(正义)(这是 *dikaiosunē* 这个古希腊词约定俗成的翻译方法)，在法语看来，这是一个同音异义现象；相反的，我们的 vérité 这个词，在斯拉夫语中也具有同音异义现象，因为这个词的意思既可以是表示"正义"的 *pravda*，也可以是表示"存在"和"准确"的 *istina*。"对我们"而言，*svet* 这个词根也带有含义的模糊性，它可以是"光"和"世界"；同样地，*mir* 这个词既可以表示"和平"，也可以是"世界"和"农村公社"，托尔斯泰在《战争与和平》中就多次运用了这个词的意义模糊性。我们可以遵循着这条线路完成一大部分《不可译词典》的篇幅。因为这个问题带出的不是一些零星散碎的异义现象，而是多个网状展开的异义现象：德语中用 *Geist* 形容的东西既可以是 *Mind*（意念），也可以是 *Spirit*（精神）。于是，*Phänomenologie des Geistes* 就既可以是 *of the Spirit*（《精神现象学》），又可以是 *of the Mind*（《意念现象学》）。这么一翻译，就把黑格尔变成了某种宗教精神领袖或是某个精神哲学流派的先驱。这种现象在句法、语法层面上也是存在的，在语言架构的层面上，词序可以造成句法的含义模糊或者词语本身的异义现象，此外，还有双语体（如俄语拥有上层语言和下层语言，我们很难翻译这种双语体），还有某些语言特有的时态和语态模糊性，这些含糊不清的时态和语态在其他语言中应该被清晰区别开的，最后还有西班牙语的 *ser/estar* 这对词，使得我们的 être 这个词变得更加具有多义性。

多元性对于"解域"是必要的，用德勒兹的话来说，"解域"是唯一能够让人意识到"他"自己语言的方式。为了知道我们说一种语言，或者说，为了说一种语言，我们需要两种语言的存在。

22.2 全球语和分析哲学

这项哲学的行为，或许也应该是政治的行为。我们（这个"我们"是指《不可译词典》的说 15 余种不同语言的 150 位作者），我们之所以共同合作了 10 余年，并且感觉自己似乎发明和再发明了所有的词条，是因为我们脑中有这么一个问题：在语言学和哲学上来看，我们想要一个什么样的欧洲？答案是：起码有两种是我们不想要的。我想这么来归纳这两种欧洲：一种是全英语化的欧洲；一种是带有本体论色彩、民族主义的欧洲。

Tout-à-l'anglais(全英语化)——跟 tout-à-l'égoût(排污)这个词拥有一样的构造。这个灾难性的情境只会留下唯一一种幸存的语言，一种无根无基的语言：全球语，"全球英语"，其余的全是方言。所有的欧洲语言，法语，德语，等等，都只会成为方言，就像我们所说的 parochial(区域语言)，它们都成为在自己家里说的语言，或许还需要通过一种历史遗产保护政策来保护这些"濒危物种"。莎士比亚和乔伊斯的英语都将成为方言的一部分，因为到那时候，没有人能听得懂它们了——其实现在已经没人听得懂了，在所有人都说全球语的国际研讨会上，我们唯一听不懂的演讲人就来自牛津大学。世界语是一种单纯用于交流的语言，如用它在北京点一杯塔曼拉塞特咖啡，抑或是用它在布鲁塞尔游说，在一个所谓的以知识为根本的社会(knowledge-based society)中为一个"治理"(gouvernance)[12]项目提供"对策"(issues)并预计"产出"(deliverables)。① 这种困难性主要来自世界语和英语之间的关系。这也正是这项威胁变得如此紧迫的原因：一种实用主义指导下的世界语与一种拥有文化底蕴的语言串通勾结在一起。

我希望通过以下方式展开这个问题。英语很显然是一种帝国语言，这就和在它之前的 koinē 语、拉丁语一样(在较小程度上我们也可以把法语看作一种帝国语言)：英语是一种外交的和美国经济的语言，它如今成为国际范围内的传播语言[翁贝托·

---

① 此处突然涌现出的英文词是作者刻意为之，用以讽刺全球语，因此在译文中做了保留。——译者注

艾柯(Umberto Eco)曾经讨论过"国际辅助语言"(Langue Interna-
tionale Auxiliaire，LIA)，但我愿意做个恶人，向克雷姆佩里尔
致敬，用 LTI①[13]这个缩写]。然而，从哲学角度也可以解释世
界语是来源于英语的：帝国语言和分析哲学之间的千丝万缕的
联系，在我看来，奠定了 LTI 的文化根基。

　　我们确实看到了某种分析哲学在大力鼓吹着普遍主义的天使
论(l'angélisme de l'universel)：重要的是概念，而不是词语——亚
里士多德是我在牛津的同事。在那里，可以看到柏拉图的影
子——语言是概念的外衣，微不足道的外衣；也可以看到莱布尼
茨以及他的普遍化特性——"一旦争论发生之时，两位哲学家之
间的讨论并不比两位计算家之间的辩驳更有用，事实上，两位计
算家只需要拿起笔来，坐到一张桌子上，(若他们愿意，还可以
叫上一位朋友)，并说道：calculemus，我们一起来算吧。[14]这就
足够了"；还可以看到启蒙运动的伟大计划——"在 18 世纪以前，
一位哲学家若想要深入了解先驱们思想上的发现，他必须首先习
得七八种不同的语言，而在他穷尽一生学习这些语言之后，他在
临死之前甚至不会有时间来开始这项思想的探索。虽然我们已经
在审美层面展示过它的荒谬性，但拉丁语的使用在哲学作品的阅
读方面是极其有用的，因为它既具有清晰度，又具备准确性，还
因为哲学作品仅仅需要一种通用的、包罗万象的语言"[15]。这确
实是一个非常具有说服力的哲学阵营，它鼓励我们在英语中找到
一个通用语言的代用品。为什么不能是英语呢？

---

　　① 该缩写词的全称为 Lingua Tertii Imperii，意思是"德意志第三帝国
语言"。——译者注

尤其是当这种普遍主义的天使论伴随着某种普通战斗精神一起出现时，即使我们承认，在哲学传统中用英语表达的作者和作品是比较独特的，英语这种原本也是方言的语言，如今却成为最完美的事实语言，一种只关注它自身的日常对话语言。无论是谈论经验主义(休谟)，还是谈论从语言转向(*linguistic turn*)派生出的日常语言哲学(维特根斯坦、奎因、卡维尔)，我们总是能够在说日常英语的过程中关注到我们所说的事情本身，并且，*matter of fact* 也好，*fact of the matter* 也罢，我们总能以此来戳破形而上学的气球。问题不再是"为什么不能是英语"，而是"正因为是英语"！

这就是那个倚靠在"分析英语"之上并由"分析英语"支持的世界语，以及它的非凡力量源头。这种"分析英语"让那个被围困在历史和语言的复杂度之中的大陆哲学看上去不知所云，也正是这种"分析英语"，想要将德里达简单归入比较文学系去。从这种视角出发，"不可译"这个概念本身是完全无效的，或者更糟——它没有实用价值。

22.3 语言"才能"的麻烦问题

另一个可能发生的灾难性事态与哲学紧密相关，尤其与我们这些法国人息息相关，因为我们学习哲学史，应付大学院入学考试时，使用的是一个被转述了的、被调整过的海德格尔所提供的学习工具，与此同时，我们接触到的也是从沙尔到拉康这样一个个精力充沛的、间接的海德格尔解读者。这一捷径的(学习过程)不是分析哲学式的，而是阐释学和大陆哲学式的，它的现代出发点是德意志浪漫主义，与语言的"才能"这一麻烦的问题紧密相连[赫尔德(Herder)这么写道：“如果说缪斯在意大利放声歌唱，在法国矫揉造作地夸夸其谈、强词夺理，在西班牙幻想着骑士精神，在英国敏锐而深层次地思索，那么，在德国，她又做了什么呢？她模仿”[16]]。有些语言要“优于”其他的语言，因为其更具有哲学的思辨性，更能够掌握存在和存在的话语。我总是引用海德格尔的这个句子，它以讽刺的方式让我们读到了这层意思：“古希腊语是哲学性的，换句话说(……)它没有被哲学术语赋予某种哲学权利，但它自己能作为语言和语言组构(*Sprachgestaltung*)来做哲学。它几乎可以被看作真实意义上的语言，当然真实的程度是不尽相同的。这一程度的衡量标准是使用这种语言、存在于这种语言之上的人民和种族，是他们存在的深度和强度。古希腊语这种深层次的特性和哲学上的创造性，我们只能在德语中找到。”[17]好吧，古希腊语是优势语言，而德语呢？它比古希腊语更具优势。

　　我曾经提出将这第二种灾难性事态命名为“本体论式的民族主义”，我截取部分让-皮埃尔·列斐伏尔对此做的诊断：“由费希特开始的那场文化运动将诗歌和政治放在首要的地位，它是德国思想开展的一次刻意的再次自有化行为，自有化和适应它的表达方式中独特、新颖与不可简化的部分。不可译性在极端情况下成为‘真’的判断准则，这种本体论式的民族主义，在莱茵河以外的其他地区墙外开花，获得了令人瞠目结舌的赞美之词，它与海德格尔(这位那个时代最伟大的哲学家之一)一起达到了鼎盛的巅峰。”[18]我们所有的工作都与这种“将不可译神圣化”的倾向背道而驰，它旨在产生一个与这种倾向对称的反普遍主义路线。至于为何这种倾向能够一直坚持存在，一部分原因是希腊语与德语是哲学和哲学史进程中两大拥有决定性地位的民族语；另一部分原因是海德格尔和其他近代思想家总是教授我们，或者说再次教授我们"说一种语言和使用一种语言完全是两码事"[19]，并且告诉我们，翻译"借由外语的解释来发扬自己的语言"[20]。

一旦我们坚称我们进入分析哲学领域的切入口是词语、语言中的词汇，而不是概念，我们其实也就明显地逃脱了分析哲学的框架：不可译不能被简化为文本的晦涩性。并且，一旦我们再次翻译那些不可译的东西，而不是去将不可译的部分神圣化，那么我们其实也很明显地逃脱出了语言的历史等级制度。这就好比，当我们如今把历史上不同种类的差异性二分法张冠李戴、煞有其事地仔细研究的时候，其实我们也已经脱离了历史研究的范畴[例如，司法词汇中，普通法（*common law*）和罗马法（le droit romain）之间有关"法"（droit/loi）（*right/law*）这个词的二分法]。全英语化和语言等级制度是两种联结起单一性和多样性的模式，我们很遗憾地看到，在欧洲的土地上，这两者正在兴起。

22.4　动摇的世界歧义性

剩下些什么呢？

是解域。为的是造就一个既不故步自封也不因循守旧的欧洲，一个日新月异的欧洲。我们需要和《巴斯克专题论著选段》（« Fragment de monographie sur les Basques »）中提到的洪堡一样，坚信"语言的多样性远远不能被简化为事物命名的多样性，它们（指语言的多样性）是看同一事物的不同视角，而当这个事物不是外部意义的对象时，人们总是能够接触到与他们以往习惯的方式不同的事物"：存在是言说的效应，我们不仅是透视主义认识论者、相对主义者，而且还是逻各斯主义者。洪堡补充道："语言的多样性，对我们来说，是世界财富增长和自我知识多样化的直接条件；与此同时，还为我们打开了一块人类存在的平台，以坚定和现实的手段提供给我们思考和感受世界的新方式。"[21] 这就是《不可译词典》的野心。洪堡绞尽脑汁翻译埃斯库罗斯的《阿伽门农》，最后却望尘莫及，他早已预兆了这样一种野心的企图（和构思，*disegno*）："基本语言之间的这种同义现象（……），虽然在许多作家的作品中都能看到一些蛛丝马迹，却从未被尝试过。倘若这种同义现象能够经过思维的加工，那必定能够成就最为诱人的作品之一。""基本语言之间的同义现象"指的是两个在两种不同语言中相对应的词能够表述同一个概念。但这种相似现象只能基于"差异""感情色彩""情感等级中的某一程度"这些概念，这准确来说就是词语和概念之间的分割点："一个词，它能作为某个概念的符号，仅仅表现在以下这个程度上，该概念无法脱离它而产生，但也不能因为它而被确定下来。思维的力量所产生的不确定性行为，其凝结在某个词中的方式就如同纯蓝的天空中飘过的几片淡云。因此词是一个独立的个体，它拥有明确的特性和特征，拥有一种作用于思想的力量，并拥有自我移植的能力。"[22]

　　解域、移植、翻译、再翻译：一种语言，没有归属。简·菲格尔（Jan Figel）所担任的"欧洲文化和多语委员"这一职务也没那么值得艳羡。当翁贝托·艾柯在政府部长发言中提出"欧洲的语言，就是翻译"之时，他赋予了欧洲作为 *energeia*，而不是 *ergon*

(行动)的尊严和仁慈：欧洲是一项进行中的①、未完成的、动摇的活动。

　　我想用一长段引文来做总结，就像我开头用了一长段德里达的引文来开篇一样。这段引文与开篇的引文是呼应的。阿伦特用多种语言写就了《思想日记》，这种方法既囊括了她的流亡——她对高斯说，"再怎么说也不是德语发疯了"；也包括了她的哲学家教养，"并不仅仅是在谈论柏拉图时用古希腊语，谈论奥古斯丁时用拉丁语，谈论笛卡尔时用法语，谈论马基雅维利时用意大利语，谈论康德、黑格尔、马克思或海德格尔时用德语，在她手头仅仅有英文译本时，她也会用英语谈论以上所有人"。这种使用多种语言的行为，她将之准确地归纳为一种哲学行为。

　　　语言的多元化：倘若只有唯一一种语言，我们或许会对事物的本质更加确信。

　　　具有决定性因素的，是以下两个事实：第一，存在着多种语言，它们之间的差异性并不仅仅表现在词汇层面，也表现在语法层面，也就是说，存在本质上的运思方式差异；第二，所有语言都是可以被习得的。鉴于那个支撑事物表现的对象，比如说桌子这个对象，既可以被叫作 *Tisch* 也可以被叫作 *table*，那么这就表示我们制造且命名的某种事物本质总是在逃离对象本身。并不是它们之中所暗含的幻想意义和幻象的可能性才使得世界变得不确定，也并不是可以想得到的

---

　　① 原文为 en acte，该概念在亚里士多德的学说中，与 en puissance（潜能）相对。——译者注

可能性和经历过的现实恐惧才让一切都变成梦境，这种逃离的根本是伴随着语言而生的，或者说是先于一切、伴随着语言而生的多义性造成的。在一个同质化的人类群体中，桌子的本质被 *table* 这个词以一种不产生歧义的方式确定下来，然而，一旦这个词到达了群体的边界地带，它就动摇了。

这种动摇的世界歧义性以及住在这个世界上的人类的不安全感，只会自然存在于学习多种语言的可能性之中。这种可能性让我们看到，在我们理想中的共同和同一世界所给出的对应词之外，即使真的只存在唯一一种语言，但也还存在着其他的"对应词"。这就是通用语言的荒谬之处——反对"人的条件"①，反对人为的统一和全能的多义性。[23]

这种与语言的多元化相连的"动摇的世界歧义性"，在我看来确实是人的条件中最不具有暴力性的一种。多样性的文化语言互相令对方感到惊奇，这就是我想要在欧洲看到的。我们无法对事物的本质感到确信，也无法对欧洲的本质感到确信，这在我看来对欧洲也好，对我们也罢，都是最好的事情。

注释

[1] Jacques Derrida，*Mémoires. Pour Paul de Man*，Paris. éd. Galilée，1988，p. 38.

[2] Jacques Derrida，*Le monolinguisme de l'autre*，Paris，éd. Galilée，1996，p. 18.

[3] *Apprendre à vivre enfin*. Entretien avec Jean Birnbaum，Paris，

---

① 此处是指阿伦特的同名著作。——译者注

éd. Galilée/Le Monde，2005，p. 37-39.

[4]"口语的形式无法被翻译或转嫁到另一种语言中去。这就是翻译所放弃的部分。放弃形式，正是翻译根本性里的力量所在。"(*L'écriture et la différence*，Le Seuil，1967，p. 312)

[5]"若是所有的语言立法者在音节上不能统一，就不能忘记这个事实：不是所有铁匠都带着一样的目的，打着同样的铁，去锻造相同的工具，然而当他们使用相同的模具时，即便用的铁是不同的，无论是在此处还是由蛮族打造，所造出的工具仍会是合规的。"(*Cratyle*，389e 1-390a 2)

[6]"不应该从语词出发。要更好地理解和研究事物，就需要从事物本身出发，而不是从语词出发。"(*Cratyle*，439b)

[7]*Des différentes méthodes du traduire*，§ 209-210 (trad. d'A. Berman，Seuil，Points bilingues，1999，p. 34-35; voir aussi le glossaire de C. Berner，p. 135-138).

[8]此乃诺瓦利斯的一个术语，见本书第三篇文章。

[9] W. von Humboldt，*Über die Verschiedenheiten* …，in *Gesammelte Schriften*，ed. A. Leitzmann *et al.*，Berlin，Behr，vol. Ⅵ，p. 240.

[10]我转述一下这个重要的二分法："不是译者让作者尽可能地获得清净，而让读者去找他；就是译者让读者尽可能地获得清静，而让作者来找他。"(Schleiermacher，*op. cit.*，p.49)我赞同施莱尔马赫对"不清静"这个词的用法。

[11]*Scilicet* 4，Le Seuil，1973，p. 47.

[12]我们将用 gouvernance 翻译 governance，抑或说我们在实践一种再语义化。Gouvernance 第一次在法语中出现是在 1679 年，意思是执政者的任务，"在今日的塞内加尔被用来说明桑戈尔(Senghor)总统在设计某片区域的行政服务时用到的语文学和政治行为"(*Robert historique*，1992)。然而，布鲁塞尔意义上的 gouvernance 就和塞内加尔的完全不同：由于 gouvernance 这个词的使用，代表政治维度的 gouvernement 这个词就被省略了。当法国人说起 gouvernance 这个英语词的时候，他们不仅说着蹩脚的英文，而且用盎格鲁-撒克逊(anglo-saxon)的方式在思考。

［13］*Lingua Tertii Imperii*；*voir LTI*，*la langue du Ⅲᵉ Reich*，*Carnets d'un philologue*，trad. fr. E. Guillot，Albin Michel，1996.

［14］Ed. Gehrardt，t. Ⅷ，p. 1980.

［15］D'Alembert，*Encyclopédie*，*Discours préliminaire*，p. 143.

［16］*Lettres sur l'avancement de l'humanité*，in：P. Caussat，D. Adamski，M. Crépon，*La Langue source de la nation*，p. 105. 模仿是一门缺乏天赋的语言的杰出特征，正如亚里士多德所说的，手是"工具中的工具"，它能够使用工具，并为它们赋予价值。

［17］M. Heidegger，*De l'essence de la liberté humaine*，*Introduction à la philosophie*［1930］，tr. E. Martineau，Gallimard，1987，p. 57s. 句末的一个注释写着：《*Cf.* Maître Eckhart et Hegel》。

［18］Jean-Pierre Lcfebvre，《Philosophie et philologie：les traductions des philosophes allemands》，in *Encyclopaedia universalis*，Symposium，Les Enjeux，1，1990，p. 170.

［19］*Qu'appelle-t-on penser*，trad. Becker et Granel，PUF，1967，p. 88.

［20］*Hölderlin*，*Andenkens*，GA 53，p. 79-80.

［21］《Fragment de monographie sur les Basques》［1822］，traduit dans P. Caussat，D. Adamski，M. Crépon，*La langue source de la nation*，Mardaga，1996，p. 433.

［22］*Introduction à l'Agamemnon d'Eschyle*［1816］，GA Ⅷ，129s.；trad. par D. Thouard，《Sur le caractère national des langues》，Seuil，Points-Bilingues，2000，p. 33s.

［23］*Cahier* Ⅱ，Nov. 1950［15］，trad fr. Courtine-Denamy mod. I，Seuil，2005，p. 56-57. Voir aussi Nov. 1965［58］et［59］，et Juillet 1968［76］et［77］.

23

恶之平庸

是什么让一种语言成为"母语"？或许是它所蕴含的创造的可能性。诗歌从语言而来，它与母语拥有共同的天性。每一位说话者在他的语言之中，都是他母语的主人——施莱尔马赫完美指出："他是母语的一部分，而母语也是他的一部分。"[1] 于是，说话者将母语变成了一种 *energeia* 而不是 *ergon*，一种需要建立、付诸行动并且不断演化的产物，而不是将它作为一种封闭的全集来使用。

第一个需要指出的区别是母语和国语之间的区别。这准确来说就是阿伦特接受高斯采访时所表达的愿望，那场著名的采访名叫"只剩下母语"："前希特勒时期的欧洲？我不能说我对那个时期没有任何怀念。那个时代还（给我）留下了些什么吗？那就只剩下语言了。"阿伦特以此申明，她"从来没有将自己看作德国人——这里是指她属于德国民族而不是属于德国这个国家"。她也并不将自己看作犹太人，这里是说她不属于犹太民族：既不指民族也不指国家，而只剩下一个单纯的、转变过了的国籍。重要的永远不是这上面的所有概念：重要的只是语言而已。

在母语和其他语言之间存在一种非同寻常的差异。于我而言，这种差异可以以极其简单的形式表达：我心中牢牢记诵着不少的德语诗歌；它们以某种方式处在我记忆的最深处，在脑海里，在心底里，这是完全不可复制的。[2]

　　她还强调："用德语时我能干的事情，在用英语时我可绝对做不到。"

　　这种对母语的重视并不是一种俏皮的反抗，而是一种深层次的恐惧，在我看来，这种恐惧只有在理解了阿伦特的"恶之平庸"后才能获得意义。就像那些背井离乡，比她外语说得更好的人那样，她说道，"我们遇到的是一种固有观念（cliché）接踵而来的语言"；人们在自己的语言中体验到的生产力、创造力和权威性都在未来随着遗忘的过程被"斩钉截铁般地削除"。"固有观念"是让我们在这里停下脚步的一个词。"恶之平庸"（艾希曼是这方面的一位专家）与我们所说的"语言的平庸"之间并不是毫无关联的。正如安德斯（Anders）所说，"我们会成为我们所说的那样"[3]。我们不能将固有观念与普通语言，以及词语的普通用法搞混：恰恰相反，每种普通语言中的词之间都有着千丝万缕的联系，且在每个使用者的心底沉积着无数不同的意义。[4]阿伦特讨论到"艾希曼用德语所做的英雄般的辩驳，总是以失败告终"："他边说边致歉：行政语言是我唯一的语言"，然而，行政语言之所以是他的语言，是因为他（在使用这种语言时），无法说出一句不带有固有观念的话。[5]在看到艾希曼提出的"和解"之时，她再次惊呼道："用固有观念来自我安慰，这真是一种可怕的天赋。他接着说道，如今，他'想要与旧敌握手言和'——这个愿望不仅与希姆莱（Himmler）的愿望异曲同工，而且出人意料的是，还与大部分操着同样口吻表述的普通德国人不谋而合。这种令人气愤的固有观念并不是上级传达的指令，而是他们自己不谋而合制造完成的表述方式，与 12 年来人们习以为常的那些固有观念一样，他们都不含有真理，我们几乎可以观察到，在他们口吐莲花之时，这些话语为说话人带来的'不寻常的快感'。"[6]

如果创造力确实是母语的特性，并且两者相辅相成，那么，我们可以很自然地总结道，一种语言在不具备创造力之时就不再是母语了，甚至可以说，针对那些在政治上和人道上的白痴来说，它不再真正是"语言"了，因为这些人平庸到无法动弹，缺乏自省和批判的能力。德语还会是流亡者的语言，但它将不再可能是纳粹分子的日常语言，这就是将语言和民族之间的决裂刨根问底后得出的结论。母语缺失，当母语不再是语言时，那么剩下的就只是政治宣传了。其实，正是因为我们对使用的词语负有责任，一种作为创作者的责任而不是接受者或交流传递者的责任，语言这才也成为一种政治事物。阿伦特关于语言的所有理论都植根于亚里士多德的以下这项定义，他将人类定义为拥有语言才能的动物(*zōion logon ekhon*)，正是这项才能，才使得人类"比其他动物更政治化"[7]。从普遍意义上来说(以下这一点也是智术中的一个独特主题)，语言的政治力量是倚靠在语言表现的效应上的。阿伦特强调的这一反亚里士多德主义、反现象学和反柏拉图主义的方向，不是从存在或者思想指向语言，而是恰恰相反，从语言指向思想和存在："因此，语言所支配的语词是为思想而存在的，语言所支配的词汇没有能够逃离思想的范畴。错误的想法是，语言中被思考的存在没有现实中未被思考的实在更为真实。就人而言，情况很有可能是相反的。"[8]

这种语言固有的、作为政治的述行力量使得我们只能在一种极端的警觉之下才能规避过度的损害、顺从和恶之平庸，这三者往往都是在不知情的情况下被固有观念——或者说是被我们现如今极其客观地称为语言元素的东西——传递出来的。

注释

[1]F. D. E. Schleiermacher，*L'herméneutique générale*，*1809-1810*，trad. C. Berner，Paris，Cerf/PUL，1987，aphorisme 15，p. 75.

[2]« Seule demeure…»，p. 30.

[3]Günther Anders，*Post festum*，*in Journaux de l'exil et du retour*，*op. cit.*，p. 106.

[4]我们在日常语言中所使用的母语具有一种"特殊的分量……它使我们避免落入自明之理的缺失这一境地，而这些自明之理，正是从诗歌的传统宝库中被自动而秘密激发出来的，诗歌的恩泽丰富了语言"（« Discours de réception du Prix Sonning»，1975）。伊丽莎白·扬-布鲁尔（Elisabeth Young-Bruehl）将这冗长的句子全部摘录，而我将其切分，以便适应"英—德"式样。

[5]*Eichmann à Jérusalem*，Folio 2002，p. 116-117，puis p. 127.

[6]*Ibidem*，p. 123-124.

[7]Aristote，*Politiques*，Ⅰ，1253a 2-10.

[8]*Journal de pensée*，*op. cit.*，Novembre 1965[58]，t. Ⅱ，p. 837-838. 这就解释了为何会有这么奇怪的一个后果，当我们尝试将语言精简为一种数学语言并将这种语言展开为自然科学时，我们就"立刻摧毁了思考的对象"："事实上自然科学不再于母语中彰显了，它的对象不再是思考的对象。自然科学竭尽全力地'思考不可思'，这显然是徒劳无功的。它创造了'不可思'却试着用思想去理解这种'不可思'。"（这是我自己摘录的引用。）

芭芭拉·卡桑主要作品列表

由法语最先出版的作品

Si Parménide. le traité anonyme "De Melisso Xenopbane Gorgia". Édition critique et commentaire, Lille, Presses universitaires de Lille, Éditions de la Maison des sciences de l'homme, 1980, 646 p.

La Décision du sens. Le livre "Gamma" de la "Métaphysique" d'Aristote, introduction, texte, traduction et commentaire, en collaboration avec Michel Narcy, Paris, Vrin, 1989(2^e tirage avec biblio. complétée, Paris Vrin, 1998), 296 p. *Il libro Gamma della Metafisica di Aristotele. Parlare è-decidere del significato*, Bologne, Zanichelli, 1996[version courte].

L'Effet sophistique, Paris, Éditions Gallimard, 1995 (4e tirage, 2009), 694 p.

Version raccourcie et remaniée, traduite en russe, Moscou-Saint Pétersbourg, Bibliothèque de Philosophie française contemporaine(Programme Pouchkine), 2000.

L'Effeto sofistico. Per un'altra storia della filosofia, Jaca Book, février 2002, version raccourcie et remaniée, traduite en italien par C. Rognoni.

El Efecto sofistico, même version, traduite en espagnol, Fundo de Cultura Economica, Buenos Aires.

O Efeito sofistico, Rio de Janeiro/São Paulo, Editora 34, version profondément remaniée, avec un choix de nouveaux documents, traduite en portugais, 2005.

Aristote et le logos, *contes de la phénoménologie ordinaire*, Paris, PUF, 1997, 170 p.

Aristoteles e o logos, *Contos da Fenomenologia comum*, trad. en portugais par L. P. Rouanet, Ediçoes Loyola, São Paulo, 1999.

Parménide, *Sur la nature ou sur l'étant. Le grec*, *langue de l'être?* Paris, Seuil, Points-bilingue, 1998, 320 p.

Voir Hélène en toute femme. D'Homère à Lacan, illustrations de M. Matieu, Paris, Les Empêcheurs de penser en rond, 2000, 208 p.

Dictionnaire des intraduisibles. Vocabulaire Européen des Philosophies, Seuil/Le Robert, 2004 (grand format, 3e tirage corrigé, 2010), 1 532 p.

Cet ouvrage est en cours de traduction-adaptation en ukrainien (éd. L'Esprit et la Lettre; trois volumes parus en 2009, 2011, 2013), en anglais(*Dictionary of Untranslatables*, Princeton UP, 2014), en espagnol (Mexique, Siglo XXI), en arabe(Centre Culturel Arabe, un volume paru), en portugais(Brésil, Editora Universidade de Brasilia), en roumain (Polirom), en russe(éd. L'Esprit et la Lettre), en italien, en hébreu.

Google-moi, *la deuxième mission de l'Amérique*, Albin Michel, 2007, 258 p.

Traduction en espagnol, Fundo de Cultura Economica, Buenos Aires, 2008.

Avec le plus petit et le plus inapparent des corps, Paris, Fayard, 2007, 119 p.

Traduction en espagnol (Buenos Aires, La Bestia Equilateral, 2009).

Il n'y a pas de rapport sexuel. Deux leçons sur "L'Étourdit" de Lacan, avec Alain Badiou, Paris, Fayard, 2012, 135 p.

Traductions en allemand et portugais parues; en italien, espagnol et anglais en cours.

Heidegger, le nazisme, les femmes, la philosophie, avec Alain Badiou, Paris, Fayard, 2010, 98 p.

Traductions en allemand et portugais parues; en italien, espagnol et anglais en cours.

Jacques le Sophiste, Lacan, logos *et psychanalyse*, Paris, Epel, 2010, 254 p.

Jacques el Sofista. Lacan, logos y psicoanálisis, trad. Irène Agoff, Buenos Aires: Manantial, 2013.

Plus d'une langue, Petites conférences, Paris, Bayard, 2012, 67 p.

La Nostalgie, Quand donc est-on chez soi? Ulysse, Enée, Arendt, Paris, Autrement, 2013, 147 p.

直接用法语以外的语言出版的作品

Ensaios sofisticos, recueil d'articles traduits en portugais, Sao Paulo, Siciliano, 1990.

Crecos, *Barbaros*, *Estrangeiros. A cidade e seus otros*, en collaboration avec Nicole Loraux et Catherine Peschanski, Rio de Janeiro, Editora 34, 1993.

Sophistical Practice. Toward a Consistent Relativism, NY, Fordham, 2014.

被收录在汇编集中的作品

Positions de la sophistique(éd.), Paris, Vrin, 1986. Présentation p. 8-11.

Le Plaisir de parler, *études de sophistique comparée* (éd.), Paris, Minuit, 1986. Présentation p. IX-X et contribution: « Du faux ou du mensonge à la fiction(*De pseudos* à*plasma*)», p. 3-29.

Ontologie et politique. Hannah Arendt, édité avec M. Abensour, C. Buci-Glucksmann, F. Collin, M. Revault-d'Allonnes, Paris, Tierce, 1989. Contribution: « Grecs et Romains. Les paradigmes de l'Antiquité chez Arendt et Heidegger », p. 17-39.

Repris en poche sous le titre *Politique et pensée*, Paris, Payot Rivages, 2004.

Rhétorique et politique: *les métamorphoses de Protagoras*, Philosophie, 28, automne 1990, éd. du numéro, Paris, Minuit. Contributions: « Ælius Aristide », *Contre Platon*, *pour défendre la rhétorique* (394-427), trad. et notes 5, p. 3-13, et « Le lien rhétorique, de Protagoras à Ælius Aristide », p. 14-31.

Des Grecs, *Rue Descartes*, 1-2, Avril 1991, éd. du numéro, Paris, Albin-Michel. Contribution: « Jan Lukasiewicz: Sur le principe de contradiction chez Aristote », présentation et traduction (avec M. Narcy).

Nos Grecs et leurs modernes. Les stratégies contemporaines d'appropriation de l'Antiquité (éd.), Paris, Seuil, 1992. Présentation et contributions: « De l'organisme au piquenique: quel consensus pour quelle cité? », et « Aristote et le *linguistic turn* ».

L'ouvrage a été traduit en langue espagnole: *Nuestros Griegos y sus Modernos. Estrategias contemporáneas de apropriación de la Antigüedad*, Buenos Aires, Manantial, 1994.

De l'intraduisible en philosophie. Le passage aux vernaculaires, *Rue Descartes*, 14, novembre 1995, éd. du numéro, Paris, Albin-Michel.

L'Animal dans l'Antiquité, édité avec Jean-Louis Labarrière, sous la dir. de G. Romeyer Dherbey, Paris, Vrin, 1997.

Anamorphosen der Rhetorik. Die Wahrheitspiele der Renaissance, G. Schröder, B. Cassin *et al.* (éd.), Munich, Wilhem Fink Verlag, 1997 (en fr. et en all.); contribution: « Des statuts épistémologiques de la rhétorique », p. 35-51.

Ce que les philosophes disent de leur langue, *Rue Descartes*, 26, déc. 1999, éd. du numéro, Paris, PUF, 154 p.

Metamorphosen der Zeit, B. Cassin(éd. , en coll.), Munich, Fink Verlag, 1999(en fr. et en all.); contribution: « Rhetoriken des Raumes, Rhetoriken der Zeit »(p. 51-67).

Vérité, *réconciliation*, *réparation*, « Le Genre Humain », Seuil, 2004, éditi avec O. Cayla, Ph. -J. Salazar. Présentation,

p. 13-31, et contribution: « Amnistie et pardon — Pour une ligne de partage entre éthique et politique »(p. 37-57).

Vocabulaires de la voix, édité avec D. Cohen-Levinas, Paris, L'Harmattan, 2009.

L'Appel des appels. Pour une insurrection des consciences, édité avec R. Gori et C. Laval, Paris, Mille et une nuits, 2009.

Genèses des actes de parole dans le monde grec, romain et médiéval, édité avec C. Lévy, Turnhout, Brépols, 2012.

Portraits de l'exil, Paris-New York. Dans le sillage d'Hannah Arendt (photographies de Fred Stein), édité avec A. Egger, Musée du Montparnasse/Arcadia Editions, Paris, 2012.

Derrière les grilles (d'évaluation)(éd.), Paris, Mille et une Nuits, 2013.

翻译作品

Pindare, *Olympiques*, *Revue de poésie*, 40, février 1971.

Hannah Arendt, *La crise de la culture*, Paris, Éditions Gallimard, 1972.

Leibniz, *Les deux labyrinthes*, textes choisis traduits du latin, Paris, PUF, Paris, 1973.

Hannah Arendt, *Vies politiques*, Paris, Éditions Gallimard, 1974.

Peter Szondi, *Poésie et polititque de l'idéalisme allemand*, Paris, Minuit, 1975.

John Sallis, « Au seuil de la métaphysique », dans *Martin Heidegger*, *Cahier de l'Herne*, 45, 1983.

Manifeste du Cercle de Vienne et autres écrits, éd. A. Soulez,

Paris, PUF, 1985.

R. B. Onians, *Les Origines de la pensée européenne—sur le corps*, *l'esprit*, *l'âme*, *le monde*, *le temps et le destin*, trad. en coll. avec A. Debru et M. Narcy, présentation par B. Cassin, Paris, Seuil (L'Ordre philosophique), 1999.

研究芭芭拉·卡桑作品的
主要文献列表

Éric Alliez, *De l'impossibilité de la phénoménologie. Sur la philosophie française contemporaine*, Paris, Vrin, 1995, p. 30 *sq.*

Éric Alliez, « Barbara Cassin, Aristote et le logos. Conte de la phénoménologie ordinaire », *Futur Antérieur*, 39-40, 1997, en ligne.

Antonello D'Angelo, « Heidegger e la Sofistica. A proposito di alcune tesi di Barbara Cassin », *La Cultura*, 34(1), 1996, p. 145-154.

Jonathan Barnes, « De Melisso Xenophane Gorgia », *The Classical Review New Serial*, 33(1), 1983, p. 66-679.

Stanislas Breton, « La Décision du sens » in *L'Annuaire philosophique 1989-1990*, Paris, Seuil, 1991.

Stanislas Breton, « Sophistique et ontologie », *Revue Philosophique de Louvain*, 90, 1992, p. 279-296.

Stanislas Breton, « Hélène et Madeleine », *Multitudes*, 4, 2001, en ligne.

Stanley Cavell, « Beginning to Read Barbara Cassin », *Hypatia*, 15(4), 2010, p. 99-101.

Andrew Goffey, « If ontology, then politics. The sophist effect », *Radical Philosophy*, 107, mai-juin, 2001.

François Jullien (éd.), « Europe/non-Europe », *Agenda de la pensée contemporaine*, Paris, PUF, 2005. *Europe, un outil pour la philosophie* (série d'article autour du *Dictionnaire des intraduisibles*): «Filières, Philia, Filons» par Michel Deguy—«Le "Lalande" de XXIe siècle?» par Jean-François Courtine— Entrez dans le "je" ou d'une belle machinerie nominaliste» par Stéphane Legrand—«Penser en se déplaçant» par Tiphaine Samoyault—par François Jullien.

Guy Le Gaufey, «Une valse à deux temps», *Critique*, 800-801, *Où est passée la psychanalyse?* Paris, Minuit, 2014, p. 156-165.

Hélène Quiniou, «Fictions de l'origine», entretien avec Barbara Cassin, *Vacarme*, 67, mai 2014. Disponible en ligne à l'adresse⟨http://www.vacarme.org/article 2611. html⟩.

On peut aussi consulter: Le réseau et la revue des femmes-philosophes de l'Unesco disponible en ligne à l'adresse ⟨http://www.unesco.org/new/fr/social-and-human-sciences/resources/periodicals/women-philosophers-journal/⟩[consulté le 03/06/14].

图书在版编目(CIP)数据

思想岛 /（法）芭芭拉·卡桑著；陆源峰，何祺韡译 . —北京：北京师范大学出版社，2019.6
ISBN 978-7-303-24622-9

Ⅰ. ①思… Ⅱ. ①芭… ②陆… ③何… Ⅲ. ①哲学思想－法国－现代 Ⅳ. ①B565.6

中国版本图书馆 CIP 数据核字(2019)第 065728 号

北京市版权局著作权合同登记号：01-2016-6229

营销中心电话 010-58802181 58805532
北师大出版社高等教育与学术著作分社 http://xueda.bnup.com

SIXIANG DAO
出版发行：北京师范大学出版社 www.bnup.com
　　　　　北京市海淀区新街口外大街 19 号
　　　　　邮政编码：100875
印　　刷：北京京师印务有限公司
经　　销：全国新华书店
开　　本：890mm×1240mm　1/32
印　　张：8.25
字　　数：185 千字
版　　次：2019 年 6 月第 1 版
印　　次：2019 年 6 月第 1 次印刷
定　　价：57.00 元

策划编辑：周益群　　　　　责任编辑：王新焕
美术编辑：李向昕　　　　　装帧设计：李向昕
责任校对：李云虎　　　　　责任印制：马　洁

版权声明

Original title：L'archipel des idées de Barbara Cassin

By Barbara Cassin

ISBN：978-2-7351-1699-7

Copyright © 2014 by la Maison des Sciences de l'Homme

Current Chinese translation rights arranged through Divas International，Paris.